Herbert Schiffels

Mit Melodien spielen

Ein App-gestützter Weg zur Musik

Für die Klassenstufen 1–7

HELBLING

Innsbruck • Esslingen • Bern-Belp

Inhalt

Einleitung

Zum Konzept
Wahrnehmung von Musik .... S. 4
Sprache und Musik – Ausgangspunkt für Reproduktion und Produktion .... S. 4
Von der Sprachmelodie zur Melodie .... S. 5
Zur Methodik: Mit Melodien spielen .... S. 5
Feedback .... S. 6
tabDo! als Feedback-Gerät .... S. 6

Die App tabDo! im Musikunterricht
Ein Werkzeug für individuelles und ruhiges Lernen .... S. 6
Einsatz in längeren oder kürzeren Unterrichtssequenzen .... S. 6
Unterschiedliche Sozialformen .... S. 7
Vorbereitung zum Klassenmusizieren .... S. 7
Ergänzung zum Instrumentalunterricht .... S. 7
Das Ziel .... S. 7

Die Didaktik hinter tabDo!
Die Melodiegestalt .... S. 7
Solmisation .... S. 8
Über die Hand zur inneren Tonvorstellung .... S. 8
Der Tonvorrat der Melodien .... S. 9

Der Aufbau der App tabDo!
Die Töne auf den Levels 1–7 .... S. 10
Bildschirme .... S. 10

Methodische Zugänge
Melodien bearbeiten – Aufgabentypen .... S. 11
Die vereinfachte Notation .... S. 12
Liederarbeitung .... S. 13
Aufbau der inneren Tonvorstellung – Überprüfungswerkzeuge .... S. 14
Exkurs: Rhythmussilben, die zweckmäßige Ergänzung der Solmisation .... S. 15

Material im Handbuch
Hauptteil: Methodische Handreichung zur App auf 7 Levels .... S. 17
Anhang .... S. 17

Level 1   Klingende Töne: Do Re Mi Fa So La Ti .... S. 18

Teil A: Eine Melodie nachbauen, umbauen und neu komponieren
         (am Beispiel der Melodie von Big Ben) .... S. 20
Teil B: Vereinfachte Notation, Rhythmussprache, Klasseninstrumentarium
         (am Beispiel des Lieds „Hoch im Kirchturm") .... S. 23
Teil C: Texte vertonen (am Beispiel von „Eine kleine Mickymaus") .... S. 28
Teil D: Fanfaren komponieren .... S. 30
Teil E: Einstieg in die Notenschrift (für höhere Klassen) .... S. 32

Level 2 Klingende Töne: Do Re Mi Fa So La Ti .... S. 38

Teil A:	Melodien im Zweiermetrum nachbauen, begleiten, improvisieren	S. 39
Teil B:	Melodien im Dreiermetrum nachbauen, begleiten, improvisieren	S. 44
Teil C:	Über ein ganzes Lied improvisieren (für höhere Klassen)	S. 50

Level 3 Klingende Töne: Do Re Mi Fa So La Ti .... S. 54

Teil A:	Form von Liedern entdecken, Melodien nachbauen und umbauen, improvisieren	S. 55
Teil B:	Melodiezellen entwickeln – Echo, Sequenz, Krebs (für höhere Klassen)	S. 63

Level 4 Klingende Töne: Do Re Mi Fa So La Ti .... S. 70

Teil A:	Einstimmige Melodien, Imitationen und Kanon (Mehrstimmigkeit)	S. 71
Teil B:	Imitation von Melodiezellen (für höhere Klassen)	S. 76

Level 5 Klingende Töne: Do Re Mi Fa So La Ti .... S. 80

Teil A:	Die beiden Rollen des Ti, Wort-Ton-Verhältnis	S. 81
Teil B:	Dur und Moll	S. 85
Teil C:	Melodiezellen weiterentwickeln, Bassstimmen hinzufügen, über Melodien improvisieren (für höhere Klassen)	S. 89

Level 6 Klingende Töne: Do Re Mi Fa So La Ti und alle Nebentöne .... S. 96

Teil A:	Tonleiterfremde Töne, Improvisation	S. 97
Teil B:	Die verschiedenen Molltonleitern	S. 102
Teil C:	Pendeln zwischen Dur und Moll (für höhere Klassen)	S. 104

Level 7 Klingende Töne: alle Töne in allen Tonarten .... S. 108

Übertragung in die Notenschrift, gleichnamiges Moll, Transposition .... S. 108

Anhang

Hör-Etüden	S. 117
Glossar	S. 122
Liederliste	S. 129
Literaturliste	S. 133
Der Autor	S. 133
Portfolios	S. 134
Tonleiter-Kopiervorlage	S. 138

Einleitung

Zum Konzept

Wahrnehmung von Musik

Wie wir Musik und insbesondere Melodien wahrnehmen, ist keineswegs nur durch Kultur und Tradition beeinflusst, sondern auch als biologisches Programm vorgegeben. Die Kognitionswissenschaften formulieren mit ihren „Gestaltgesetzen" angeborene Eigenschaften unserer Sinneswahrnehmung. **Melodien sind Gestalten**, und das bedeutet insbesondere:

1. Wir hören eine Melodie immer als „dieselbe Melodie", unabhängig davon, ob sie gesungen oder von einem Instrument gespielt wird, und unabhängig davon, wie hoch oder tief, wie laut oder leise, wie schnell oder langsam sie erklingt. Melodien sind transpositionsunabhängig.
2. Wir gruppieren Tonfolgen innerhalb der Melodien zu Einheiten.
3. Wir können Wiederholungen solcher Tongruppen leicht erkennen.
4. Wir erkennen Ähnlichkeiten. Wenn eine Tongruppe A_1 etwas verändert als Tongruppe A_2 erscheint, dann hören wir die Verwandtschaft.

Diese Grundeigenschaften der Wahrnehmung von Melodien (man kann sie auch als „Universalien der Musikwahrnehmung" bezeichnen) sind der Grund für die Verständlichkeit groß ausgearbeiteter Kunstwerke. Beethovens „Freude, schöner Götterfunken" und das Kinderlied „Taler, Taler, du musst wandern" unterscheiden sich in ihren melodischen Merkmalen nicht grundsätzlich voneinander. Beide Melodien sprechen dieselbe musikalische Sprache, beide folgen denselben zugrunde liegenden Regeln.

> Unsere Kinderlied-Melodien sind also der Ausgangspunkt der musikalischen Bildung. In ihrer Einfachheit sind sie die Keimzelle, aus dem sich größere und komplexere Formate entwickeln[1].

Sprache und Musik – Ausgangspunkt für Reproduktion und Produktion

Aber es bleibt nicht bei der passiven Wahrnehmung. Was Eltern, Erzieherinnen und Erzieher immer schon beobachtet haben und was in den letzten Dekaden mehr und mehr auch Gegenstand wissenschaftlicher Beobachtung wurde: Kinder sind aktive Musikproduzenten! Kinder melodisieren Abzählreime und Gedichte und zeigen damit, dass sie komponieren können. Sie reproduzieren nicht nur Melodien, die sie in der Interaktion mit Erwachsenen und anderen Kindern gelernt haben, sie produzieren selbst. Sprachlich-musikalische Kompetenz entwickelt sich im Zusammenspiel von Reproduktion und Produktion.

Sprache und Musik weisen eine solche Vielzahl von Gemeinsamkeiten auf, dass der amerikanische Kognitionswissenschaftler Steven Brown vorgeschlagen hat, nicht länger nur von „language" zu sprechen, sondern von „musilanguage"[2]. Sprechend wiederholen (reproduzieren) wir nicht unentwegt nur das, was andere uns vorsagen oder aufgeschrieben haben, wir sprechen (produzieren) ständig eigenes.

> An diesem Punkt müssen wir in der Musikpädagogik ansetzen: Produktion und Reproduktion bedingen sich gegenseitig, ohne eigenes Produzieren ist Musikalität nicht ausreichend verwurzelt und es entsteht kein wirkliches Verständnis von Musik. **Produktion und Reproduktion** sind komplementär.

Das Ziel ist, dass Kinder im Unterricht viel Musik produzieren. Dazu bedarf es weder der Notenschrift noch einer Musiktheorie.

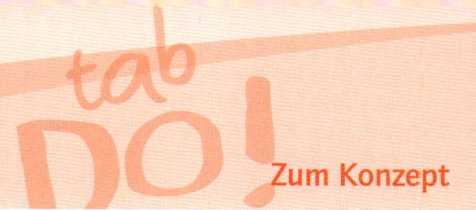

Von der Sprachmelodie zur Melodie

Die Muttersprache erwerben Kinder wie von selbst und nicht, indem sie Vokabeln lernen und grammatische Regeln einüben. Wesentliche Elemente sind die für die Muttersprache typische Sprachmelodie und der typische Sprachrhythmus.

So wie man die Alltagssprache zu Gedichten formen kann, so lassen sich aus dem Auf und Ab der Töne beim Sprechen Melodien formen. Wenn wir Lieder singen, dann sprechen wir rhythmisch in einem bestimmten Metrum (beat) und auf bestimmten Tonhöhen (den Tönen einer Tonleiter). Und auch das erlernen Kinder wie von selbst.

In der Grundschule beginnen die Kinder, sich bewusst mit der Sprache zu beschäftigen. Z. B. lernen sie verschiedene Satzarten zu unterscheiden. Ebenso kann die Aufmerksamkeit der Kinder auch auf das Auf und Ab der Töne gelenkt werden. Dabei lernen sie den Unterschied verschiedener Arten des „Tonsatzes".

> Daher ist die Grundschule der optimale Ort, um die musikalische Entwicklung der Kinder und ein **Bewusstsein für Melodien** und musikalische Verläufe anzubahnen.

Zur Methodik: Mit Melodien spielen

Um bei Kindern dieses Bewusstsein zu fördern, bedarf es einer geeigneten Methodik. Kern dieser Methodik ist das „Spielen mit Melodien".

Wie Melodien funktionieren, wird klar, wenn wir Kindern nicht erst abstrakte Tonleitermodelle oder isoliert melodische Patterns als Lernstoff anbieten, denn dabei geht der Gestaltcharakter von Melodien verloren und damit die „Sinnhaftigkeit" des Lernstoffs – und somit die Motivation.

Beim **Spielen mit Melodien** wird die implizit vorhandene unbewusste Kenntnis von Melodiestrukturen aktiviert, „musikalische Spielregeln" werden eher beiläufig gelernt. Spielend erkunden und entdecken die Kinder die „Baupläne" von Melodien und lernen, wie sie funktionieren. Und so bekommen auch Tonleitern, Patterns und Formenkunde einen Sinn. Dabei legen die Kinder ihr schon vorhandenes Wissen frei, können nach und nach Details benennen und mit Fachwörtern kennzeichnen.

Der erste Schritt beginnt damit, dass Kinder Melodien „nachbauen", die sie gut und auswendig kennen. Mit dem Nachbau wird die Aufmerksamkeit der Kinder auf das Höher und Tiefer sowie Auf und Ab der Töne gelenkt. Dabei wird deutlich, dass sich die Töne auf Tonstufen bewegen, die man benennen kann, und dass die Töne nicht willkürlich aufeinander folgen, sondern „wohlgeformte"[3] Melodiegestalten bilden.

> Das **Nachbauen von Melodien** löst ein intuitives Verstehen dafür aus, wie Melodien funktionieren. Auf dieser Basis aufbauend werden die Kinder später Melodien improvisieren und neue Melodien „bauen".

---

[1] Denken Sie z. B. an die vielen hundert Choralmelodien, die J. S. Bach kunstvoll bearbeitet hat. Auch die Choralmelodien unterscheiden sich in ihrer „melodischen Grammatik" nicht von Kinderliedern.

[2] Brown, Steven: The „Musilanguage" Model of Music Evolution. The MIT Press 1999

[3] Die „gute" oder „wohlgeformte" Gestalt ist der zentrale Begriff der Gestalttheorie. Auf Melodien bezogen ist damit gemeint, dass die Tonfolge den formalen Regeln der Tonsprache voll und ganz entspricht.

Einleitung

Feedback

Damit dieses „incidental learning" ein Tonbewusstsein ausbildet, das sich im Gedächtnis verankert, sollten Kinder regelmäßig und häufig mit Melodien spielen. Konventioneller Unterricht kann das nicht leisten, denn für diesen sehr persönlichen Lernprozess braucht jedes Kind seine eigene Zeit und viel Rückmeldung. Diese Rückmeldung muss aber gar nicht von einer Lehrkraft gegeben werden, denn mit einem geeigneten „Instrument" können sich die Kinder selbst ständiges Feedback geben. Sie können selbst feststellen, ob sie die richtigen Töne treffen, weil sie hören und die Melodien kennen, mit denen sie spielen.

Digitale Endgeräte bieten hier neuen Möglichkeiten des direkten Feedbacks. Dafür wurde die App tabDo! für Tablets oder Smartphones entwickelt.

tabDo! als Feedback-Gerät

Die Arbeit mit tabDo! kann als Feedback-Schleife beschrieben werden, die so funktioniert:

1. Die Kinder erhalten eine Aufgabe, z. B. eine bekannte Melodie nachzubauen. Die Melodie ist der Input.
2. Die Kinder nehmen die App tabDo! und spielen so lange, bis ihnen ihr Gehör sagt: „Jetzt ist es richtig!"
3. Schließlich haben die Kinder den exakten Melodieverlauf im Gedächtnis oder halten den Melodieverlauf sogar schriftlich fest – das ist der Output.

Die App tabDo! im Musikunterricht

Ein Werkzeug für individuelles und ruhiges Lernen

Mit tabDo! und der Methode „Learning by doing" erkunden die Kinder den Tonraum – jedes Kind auf seine Weise und jedes in seiner eigenen Zeit. Durch zahlreiche Versuche („Trial and Error") mit Melodien zu spielen und sie abzuändern, entwickeln sie so nach und nach eine immer genauere Tonvorstellung.

Ein großes Problem des Musikunterrichts ist der Lärm, der entsteht, wenn viele Kinder gleichzeitig an Instrumenten spielen und Melodien ausprobieren. Mit tabDo! können Kinder mit Kopfhörern spielen, ohne sich gegenseitig zu stören und ohne, dass ein hoher Geräuschpegel im Musikraum entsteht. So lernt jedes Kind nicht nur in seiner eigenen Geschwindigkeit, sondern auch in seinem eigenen Raum. Mithilfe eines Adapters können auch zwei Kinder mit Kopfhörern an einem Tablet arbeiten.

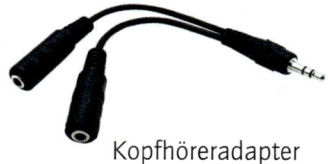
Kopfhöreradapter

Einsatz in längeren oder kürzeren Unterrichtssequenzen

Je nach Aufgabenstellung wird man tabDo! eine ganze Unterrichtsstunde lang oder aber auch nur für eine kürzere Unterrichtssequenz verwenden. Das ist organisatorisch leicht möglich, denn Tablets sind genauso schnell verteilt und wieder eingesammelt wie Bücher.

Beispiele für eine ganze Unterrichtsstunde:

- die Vertonung eines Textes, Gedichts, Abzählreims
- die Erarbeitung eines Liedarrangements mit Liedbegleitung einer Improvisation, eines Vor- und Nachspiels

Beispiele für kürzere Unterrichtssequenzen:

- Herausarbeiten von Melodie und Form eines neu erlernten Lieds
- Einüben einer Stimme, die dann auf das Klasseninstrumentarium umgesetzt wird
- Notenlesen

Didaktik

Unterschiedliche Sozialformen

Es bieten sich viele Möglichkeiten für einen differenzierten Einsatz der App. Dabei ist es nicht unbedingt notwendig, einen ganzen Klassensatz Tablets zur Verfügung zu haben. tabDo! kann für die Arbeit im Klassenplenum, in kleinen Gruppen oder in Partnerarbeit eingesetzt werden:

- Wenn nur ein Tablet vorhanden ist, kann man den jeweiligen Bildschirm über einen Beamer vergrößert darstellen und auf diese Weise die Kinder „klassisch zur Tafel zentriert" unterrichten.
- Stehen ein paar wenige Tablets zur Verfügung, dann lässt sich der Unterricht wie auch in anderen Fächern durch differenzierte Gruppenarbeit organisieren.
- Sehr effektiv ist es, wenn zwei Kinder an einem Tablet arbeiten, denn dann werden sie miteinander über die Melodien sprechen, an denen sie arbeiten, und dabei werden die Details klarer und bewusster.

Die wirkungsvollste Arbeitsform für die Verinnerlichung ist jedoch, wenn ein Kind sich von Zeit zu Zeit alleine (mit Kopfhörer) in der Tonwelt bewegt und sie erkundet.

Vorbereitung zum Klassenmusizieren

Auf tabDo! kann man Orff-Instrumente wie Bassklangstäbe, Xylofone usw. „simulieren" und (mit Kopfhörern) üben, sodass die Kinder ihre Stimme einstudieren und danach auf richtige Orff-Instrumente übertragen können. Damit vermeidet man auch das zeitraubende Auf- und Abbauen der Instrumente, wenn Begleitstimmen o. Ä. zunächst nur auf den Tablets eingeübt und gespielt werden.

Ergänzung zum Instrumentalunterricht

tabDo! kann auch als Ergänzung zum Instrumentalunterricht eingesetzt werden. Neben der technischen Ausbildung am Instrument und dem Reproduzieren von Literatur können sich die Kinder zu Hause mit den Melodien der Unterrichtswerke inhaltlich beschäftigen, mit den Melodien spielen und die Ergebnisse anschließend im Instrumentalunterricht zusammen mit der Lehrkraft „begutachten" und auf dem Instrument umsetzen.

Das Ziel

Das große Ziel der Arbeit mit tabDo! ist die Entwicklung einer **inneren Tonvorstellung**. Dieses Ziel ist erreicht, wenn sich das Tonbewusstsein so weit entwickelt hat, dass die Kinder tabDo! nicht mehr benötigen. Wie gut ausgebildet ihre Tonvorstellung bereits ist, können die Kinder feststellen, wenn sie versuchen, gleichartige oder ähnliche Aufgaben mit und ohne tabDo! zu lösen (→ S. 14).

Die Didaktik hinter tabDo!

Die Melodiegestalt

Mit tabDo! werden Kinder angeregt, auf verschiedene Art und Weise mit Melodien zu spielen und so nach und nach eine innere Tonvorstellung zu entwickeln. Wie kommt man aber zu den Melodien? Für Grundschulkinder sind Lieder zunächst eine Einheit aus Text und Melodie. Um die Aufmerksamkeit auf die Melodie zu lenken, wird der Text entfernt, sodass definiert werden kann: Melodie = Lied minus Text. Wenn man sich die Melodie nun genauer anschaut, stellt man fest:

1. Die Melodie hat eine Form, ähnlich wie ein Gedicht.

2. Die Tonfolgen werden rhythmisch strukturiert.

3. Die Töne bewegen sich in einem melodischen Auf und Ab.

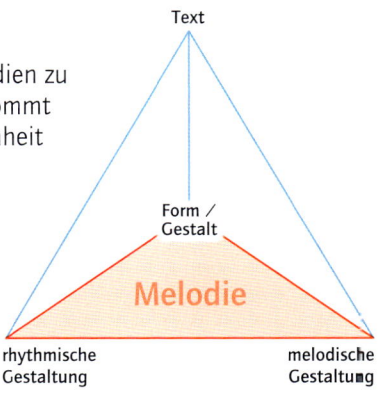

Einleitung

Bei den ersten beiden Punkten „Form" und „rhythmische Struktur" gibt es einige wenige Muster, die häufig wiederkehren (z. B. ABA-Form, Rhythmen mit Wechsel von Vierteln und Achteln). Möchte man die rhythmischen Strukturen artikulieren, so hat man mit den Kodaly- und **Gordon'schen Silben** bewährte Rhythmussprachen (→ S. 15).

Im Bereich des Melodischen ist die Situation ganz anders: Es gibt unendlich viele Melodien, weil sich aus den Tönen der diatonischen Tonleitern zahllos viele Tonfolgen kombinieren lassen. Aber auch diese Fülle ist leicht zu verstehen, wenn die Kinder Tonfolgen benennen und artikulieren können und so die Töne der diatonischen Tonleiter bewusst zu unterscheiden lernen. Die Benennung der Töne ist die natürliche Brücke ins Tonbewusstsein.

Solmisation

Zur Benennung und Artikulation von Tonfolgen benötigen wir als erstes Namen für die bisher namenlosen Töne. Den „pädagogischen Schlüssel" hat schon vor 1000 Jahren Guido von Arezzo (ca. 992–1050) gefunden, indem er den Tönen transpositionsunabhängige Namen gab, die der Tatsache Rechnung tragen, dass es für die Wahrnehmung keine Rolle spielt, ob man eine Dur-Melodie in D-Dur, E-Dur oder F-Dur hört oder singt, denn es bleibt für das Empfinden dieselbe Melodie.

Guido von Arezzos Solmisationsmethode **lautiert die Töne**, sie verbindet den klingenden Ton mit den Namen **Do Re Mi Fa So La Ti**. Mehr als diese sieben Töne sind für die meisten Lieder nicht nötig.

Beispiel:

> Ta-ler, Ta-ler, du musst wan-dern
> Do Do Mi Mi Re Re   Do So

Mit den Solmisationssilben kann der Melodieverlauf singend verfolgt werden. Man könnte sagen: Singend wird der Melodieverlauf „nachgezeichnet".

Die absoluten Tonnamen C, C#, Db, D usw. sind rein technische Bezeichnungen, sie geben an, wo ein Ton auf dem Klavier liegt und mit wieviel Hertz er schwingt. Dabei kann das F z. B. Grundton von F-Dur aber auch von f-Moll sein. Bei den Solmisationssilben hingegen ist Do immer Grundton von Dur und niemals Grundton von Moll; La ist immer nur Grundton von Moll. Die Solmisationssilben „enthüllen" also Strukturen, die Tonnamen tun dies nicht.

	C-Dur	D-Dur	F-Dur	G-Dur
Do	C	D	F	G
Re	D	E	G	A
Mi	E	Fis	A	H
Fa	F	G	B	C
So	G	A	C	D
La	A	H	D	E
Ti	H	Cis	E	Fis

Die Tabelle verdeutlicht den Unterschied für die in den Liederbüchern häufigsten Durtonarten. Es gibt nur ein Dur, dessen Töne von den Solmisationssilben benannt werden. Die Bezeichnung C-Dur, D-Dur, F-Dur und G-Dur geben lediglich an, auf welchem Ton (von welchem Do aus) die Durtonleiter beginnt.

Für diese vier Tonarten ist das Do auf den Levels 1–6 von tabDo! einstellbar. Die Kinder können also in diesen vier Tonarten musizieren und „denken" und benötigen dafür nur die sieben Solmisationssilben.

Über die Hand zur inneren Tonvorstellung

Damit die Kinder mithilfe der Solmisationssilben zu einer Tonvorstellung gelangen, ist der nächste Schritt die Verknüpfung von Körperlichem und Abstraktem.

tabDo! nutzt eine Mnemotechnik, die auf Guido von Arezzo, den Erfinder der Notenschrift zurückgeht: Den Tönen wird eine Position in der linken Hand zugewiesen. Da haben sie alle auf engstem Raum Platz und man kann sich mithilfe der Hand Melodieverläufe ins Bewusstsein rufen.

Didaktik

Diese Hand wird bei tabDo! zur klingenden Hand:

Voraussetzung für das Entwickeln eines nachhaltigen Tonbewusstseins ist, dass die Assoziation

Klang ↔ Position ↔ Benennung

hinreichend häufig wiederholt und somit konditioniert wird. Das geschieht beiläufig, weil wir den Kindern nicht sagen: „Merkt euch, wie die Töne klingen!" Die Kinder spielen einfach mit der Melodie und die Töne prägen sich ein. Nach einiger Zeit ergibt sich dabei folgender Effekt: Die Kinder werden die tabDo!-Hand gar nicht mehr benötigen, weil die Tonfolgen in der inneren Vorstellung schon beim Tippen in die richtige eigene Hand entstehen. So wird nach und nach das Tonbewusstsein und das Verständnis für das Verhältnis der Töne zueinander wachsen.

Beispiel:

1. Das Kind stellt sich den Anfang des Kanons „Bruder Jakob" vor und überlegt in seine Hand blickend und tippend, welche Töne das sein könnten.
2. Dann spielt es diese Tonfolge auf dem Hand-Bildschirm von tabDo!.
3. Nun hört es in direktem Feedback, ob seine Vorstellung der Tonfolge richtig war.

Der Tonvorrat der Melodien

Die Melodie von „Ich geh mit meiner Laterne" ist aus vier Tönen gemacht, „Freude, schöner Götterfunken" (Beethoven) aus fünf und „Summertime"(Gershwin) aus sechs. Aber die Kompositionsprinzipien sind dieselben. Die Grundsätze der „Architektur der Melodien" sind unabhängig von der Fülle des ihnen zugrunde liegenden Tonmaterials. Das ist der Grund für die Verständlichkeit großer Musik. „Freude, schöner Götterfunken" hat die Struktur eines Kinderlieds – aber die kompositorische Verarbeitung Beethovens ist komplex.

Wenn man das gängige Liederrepertoire unter diesem Gesichtspunkt untersucht, ergibt sich eine Anordnung der Lieder wie von selbst, denn die Lieder lassen sich mühelos nach **ihrem Tonmaterial** gruppieren:

1. Do-Re-Mi-So (Viertonlieder)
2. Do-Re-Mi-So-La (Pentatonik)
3. Do-Re-Mi-Fa-So
4. Do-Re-Mi-Fa-So-La (Hexachord)
5. Do-Re-Mi-Fa-So-La-Ti (Diatonik)
6. Diatonik mit chromatischen Zwischentönen.

In der im Anhang angegebenen Liederliste (→ S. 129) finden Sie die Lieder nach ihrem Tonvorrat geordnet.

Einleitung

Der Aufbau der App tabDo!

Die Töne auf den Levels 1–7

Die auf der vorigen Seite dargestellte Gruppierung findet sich auf den sieben Levels von tabDo! wieder.
Dort beginnen wir auf Level 1 mit Viertonliedern. Selbstverständlich können die Kinder auch schon im frühen Alter Lieder mit mehr als vier Tönen singen. Wenn sie aber auf tabDo! mit den Melodien spielen, sorgt ein überschaubarer Tonvorrat mit nur wenig Tönen dafür, dass sie nicht überfordert werden.
Der Tonvorrat steigt Ton für Ton an bis zur Chromatik in allen Tonarten auf Level 7.

Bildschirme

Mit tabDo! lassen sich die Solmisationssilben auf drei Arten darstellen: (1) in der Hand, (2) als Tonleiter und (3) in Verbindung mit der Notenschrift.

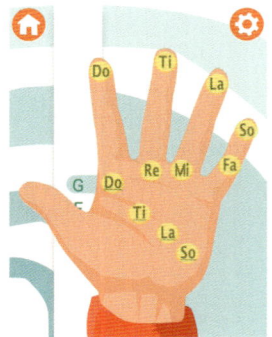

Hand-Bildschirm (1)
Um eine Verbindung von Klang, Tonnamen und Tonposition herzustellen, bedienen wir uns der Guidonischen Hand (→ S. 9) und positionieren die sieben Töne Do Re Mi Fa So La Ti in die linke Hand auf dem Bildschirm. Auf diese Weise entwickelt sich nach und nach eine innere Tonvorstellung, sodass die Kinder irgendwann die App als Hilfsmittel gar nicht mehr benötigen.

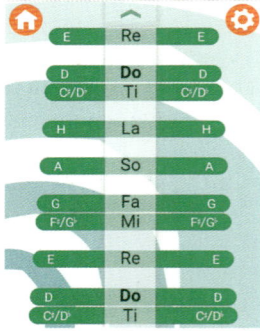

Tonleiter-Bildschirm (2)
Wenn man sich die Anordnung der Töne auf der Hand wie Perlen auf einer Schnur denkt und dann die Schnur senkrecht nach unten fallen lässt, dann entsteht das Bild der Tonleiter. Auf dem Tonleiter-Bildschirm haben Sie zusätzlich zu den relativen Solmisationssilben auch die Tonnamen und so können (je nach Bildungsplan) nach und nach die Namen der Stammtöne eingeführt werden. Hier werden auch Halb- und Ganztonschritte sichtbar.

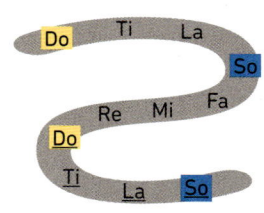

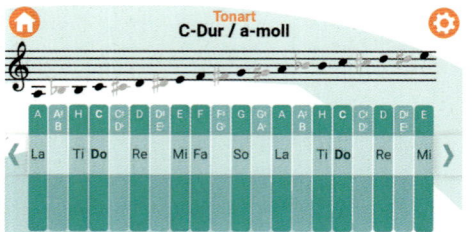

Noten-Bildschirm (3)
Auf dem Noten-Bildschirm wird schließlich die Verbindung der Töne mit der Notation hergestellt.

Wenn man mit dem Konzept tabDo! früh in der Grundschule beginnt, ist es sinnvoll, zunächst mit dem Hand-Bildschirm zu arbeiten, später aber den Tonleiter-Bildschirm mit hinzuzunehmen.
Beginnt man mit tabDo! in Klasse 5, in welcher einige Schülerinnen und Schüler bereits ein Instrument erlernen, wird man flexibel mit den Bildschirmen arbeiten können.

Methodik

Methodische Zugänge

Melodien bearbeiten – Aufgabentypen

Je mehr musikalische Aktionen in verschiedene Richtungen in Gang gesetzt werden, umso mehr wird sich die innere Tonvorstellung stabilisieren und erweitern.

Das methodische Vorgehen ist in der Musik vergleichbar mit dem im Mathematikunterricht. Dort wird in den größer werdenden Zahlbereichen immer wieder addiert, subtrahiert, multipliziert und dividiert. Genauso bearbeiten hier die Kinder in allen „Tonbereichen" (Levels) die gleichen Aufgabentypen, aber auf höher werdendem Niveau.

Dazu werden sieben Aufgabentypen vorgeschlagen, die im Hauptteil auch in verschiedenen Varianten angewendet werden:

1. eine Melodie nachbauen: mit dem Gehör die genaue Tonfolge der Melodie herausfinden
2. eine Melodie umbauen: Töne der Melodie mit den vorhandenen Tönen umstellen, z. B. für ein Vorspiel
3. eine Melodie neu bauen: eine Melodie erfinden oder komponieren
4. in der Form eines Lieds und mit dem Liedrhythmus improvisieren (nicht notieren!)
5. herausfinden, wie eine musikalische Idee, eine Melodiezelle wachsen und sich entwickeln kann
6. die Notenschrift lernen mithilfe des Noten-Bildschirms
7. Klassenmusizieren (Melodien, Begleitstimmen oder Bassstimmen) mit dem virtuellen Orff-Instrument einüben (auch mit Kopfhörern)

Mit diesen Aufgaben erforschen die Kinder experimentierend grundlegende Strukturen der Musik. Sie entdecken Qualitätsmerkmale wie z. B. Gliederung, Symmetrie, „Frage-Antwort", Ähnlichkeit, Haupt- und Nebentöne, Nachahmung (Imitation), Veränderung (Variation, Ableitung) usw. im überschaubaren Erfahrungsbereich ihrer Lieder und wenden sie wie selbstverständlich auf ihre eigenen Produktionen an.
Dabei wird Wert darauf gelegt, dass nicht gedankenlos herumgeklimpert wird, sondern dass die Kinder ihr Spiel sehr bedacht kontrollieren. Konzentriertes Spielen ist die beste Form des Lernens und bewirkt:

- dass die unbewusst schon verstandenen Prinzipien der Kinderlieder durch das Spielen mit den Melodien bewusst werden.
- dass die Beschäftigung mit Melodien sich auf die ersten Improvisationen auswirken.
- dass sich Grundton-Empfinden und „Formgefühl" entwickeln.

Die Darstellung zeigt, dass **alle Aufgabentypen auf allen Levels** bearbeitet werden können. Die natürliche Gestaltung des Lernwegs ist das Spiralcurriculum, also das stete Wiederaufgreifen einzelner Themen auf höher werdendem Niveau.

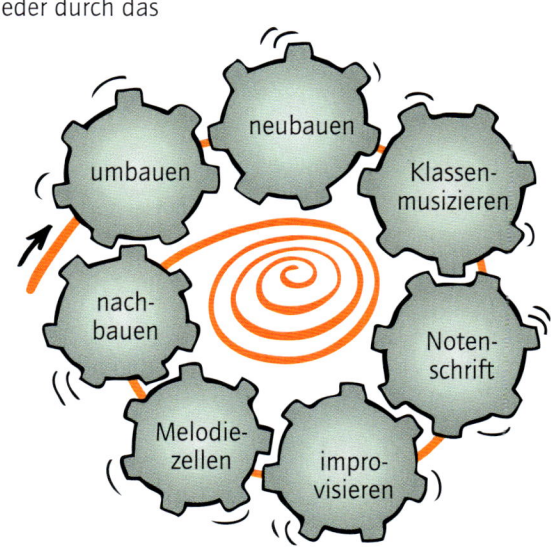

An dieser Stelle ist es wichtig zu betonen, dass es **keine zwingende Reihenfolge** gibt, in der die sieben Aufgabentypen erarbeitet werden müssen. Es sind immer etliche Faktoren zu bedenken bei der Entscheidung, welche Aufgaben in welchen Zusammenhang passen und mit welchem Bildschirm gearbeitet wird.

Einleitung

Die vereinfachte Notation

Als Hilfswerkzeug beim Erforschen von Melodien dient eine Notenschrift, die ganz ohne Tonhöhen auskommt und die auch Kinder ohne Notenkenntnis notieren können.

Die Erarbeitung (an der Tafel) wird hier am Lied „Happy Birthday" veranschaulicht:

Wichtig: Die Voraussetzung für die Erstellung einer vereinfachten Notation ist immer, dass die Kinder das Lied **auswendig singen** können. Gehen Sie mit den Kindern nach Gehör vor, schauen Sie nicht ins Liederbuch!

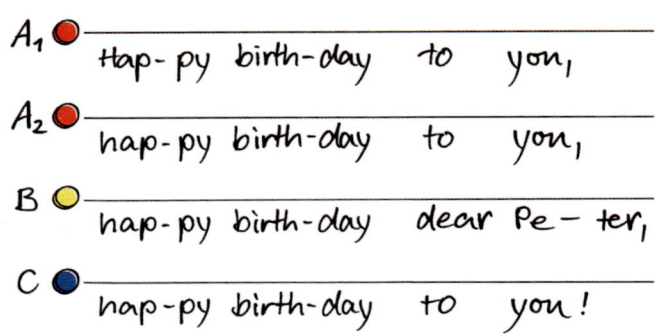

1. Grundlage für die Erarbeitung ist der Text eines Lieds, denn dieser liefert die Form und die Rhythmik. Die Kinder sprechen oder singen das Lied und verteilen den Text auf mehrere Zeilen. So wird die Melodie in Formabschnitte eingeteilt. Schreiben Sie den Text in der gefundenen Form an die Tafel.

2. Markieren Sie mit farbigen Magneten oder Formbuchstaben, welche Abschnitte der Melodie ähnlich oder sogar gleich klingen. Auf diese Weise wird den Kindern die Liedform bewusst.

Die Schritte 3 und 4 stellen wir am Beispiel der Zeile 1 dar.

3. Tupfen Sie zum Singen Kreidepunkte an die Tafel. Jede Silbe bekommt einen Punkt.

4. Nun wird festgestellt, wo die Betonungen liegen. Vor die betonten Silben kommt ein Taktstrich.

5. Die Kreidetupfen werden nun in Noten verwandelt. Dabei genügt es, den Kindern zu zeigen, dass es kürzere und längere Töne gibt, die mit Hälsen und Balken dargestellt werden (→ Rhythmussilben, S. 15). Mehr brauchen die Kinder über die Notenwerte nicht zu wissen (evtl. können Sie noch die Taktangabe ergänzen).

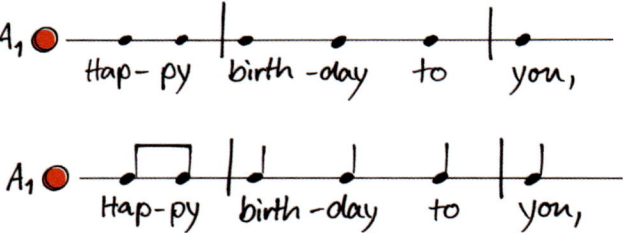

Methodik

6. Die Melodie kann jetzt mit tabDo! auf Level 5 nachgebaut werden. Dazu wird der Text an der Tafel weggewischt. Wählen Sie einen Bildschirm, setzen Sie das tiefe Do auf G und nennen den Kindern den Startton So (tiefes So). Auf dem Hand-Bildschirm sind die Töne der unteren Oktave durch einen Unterstrich gekennzeichnet. Nun werden die Kinder durch Probieren herausfinden, wie die Melodie verläuft. Sie kennen die Melodie und hören, welche Töne richtig und welche falsch sind. Im Endergebnis stehen unter den Noten statt der Textsilben die Solmisationssilben, mit denen die Melodie erneut gesungen werden kann.

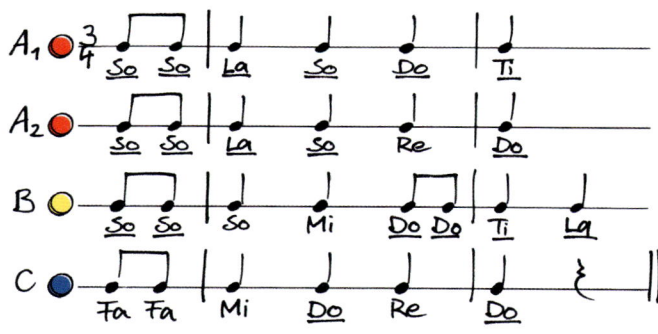

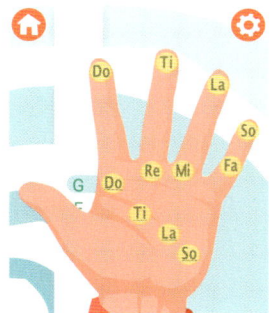

Insbesondere in Verbindung mit dem Hand-Bildschirm wird klar: Diese Solmisationssilben sind etwas wie „Zeigewörter", sie zeigen akustisch an, auf welchem Ton wir uns gerade befinden, unterstützt durch das Zeigen auf die Positionen der Töne in der Hand. Auf diese Weise werden im Laufe der Zeit wie nebenbei die Solmisationssilben gelernt und mit einer Tonvorstellung verbunden.

7. Sie können nun noch die vereinfachte Notation mit der Notation im Liederbuch vergleichen. Der längerfristige Effekt wird sein, dass die Kinder Melodien auch in der „richtigen" Notenschrift verfolgen können, auch wenn sie die Notennamen noch nicht kennen.

Liederarbeitung

Liedersingen im Unterricht macht nicht nur Spaß, sondern ist auch nützlich, besonders in der Grundschule, denn Liedersingen ist Sprachförderung: Wer singt, spricht besser, hört besser und wird auch leichter lesen und schreiben lernen. Wie wir etwas sagen, ist untrennbar verbunden mit dem, was wir sagen. Punkt und Komma, Ausrufe- und Fragezeichen usw. werden nicht gesprochen, sondern intoniert. Insofern ist das Liedersingen ein wichtiges Werkzeug insbesondere auch für die Arbeit mit Willkommensklassen, bzw. Kindern mit Sprachproblemen.

Für die Arbeit mit tabDo! ist das Liedersingen darüber hinaus eine unersetzliche Grundlage für das Spielen mit Melodien. Drei wichtige Punkte sind zu beachten:

1. Wenn Sie ein neues Lied einführen, dann sollten Sie es selbst auswendig können.
2. Auch als fachfremd Unterrichtende können Sie Lieder mit Kindern erarbeiten. Dazu müssen Sie nicht im Singen ausgebildet sein.
3. Um mit tabDo! arbeiten zu können, reicht es nicht, die Lieder von CD oder per Video vorzuführen. Erst das eigene Singen der Lieder ermöglicht, dass wir die Melodien ganz bewusst wahrnehmen und mit ihnen spielen können.

Hier einige Tipps zur Liederarbeitung:

Liederarbeitung über den Text:

- den Text in unterschiedlicher Lautstärke und Tonhöhe deutlich artikulierend sprechen
- Gegenstände, Gesten oder Bilder zu Hilfe nehmen, um Schlüsselwörter anzuzeigen
- Schlüsselworte auf den Rücken des Partners oder der Partnerin malen
- den Text mit unterschiedlichen Affekten (traurig, aufgeregt, schimpfend usw.) sprechen
- zu einem Textbeginn eine Fortsetzung erfinden
- passende Textpassagen erraten und zum Textbeginn passende Reime finden
- Textabschnitte in die richtige Reihenfolge bringen (Textpuzzle)
- den Liedtext als Lückentext anbieten
- den Text szenisch gestalten

Einleitung

Erarbeitung über die Melodie:

- die Melodie auf diversen Silben singen wie „dü", „don", „na" und andere
- den Tonhöhenverlauf mit dem Körper nachvollziehen (z. B. bei Spitzentönen strecken, bei tiefen Tönen in die Hocke gehen, das Auf und Ab der Töne mit der Hand in die Luft malen)
- das Auf und Ab der Melodie an der Tafel grafisch darstellen
- Radio spielen: Alle Kinder singen. Wenn die Lehrkraft oder ein Kind „das Radio leise stellt", verstummt die Klasse, „singt" jedoch die Melodie „im Kopf" weiter. Wird das Radio wieder aufgedreht, setzen alle an der richtigen Stelle ein (**Audiation** → Glossar).
- Stoppspiel: Die Lehrkraft oder ein Kind singt die Melodie auf einer neutralen Silbe, stoppt an irgendeiner Stelle und eine Schülerin oder ein Schüler sagt das Textwort, bei dem gestoppt wurde (Audiation).
- im Sitzkreis bei einem vereinbarten Wort aufstehen / einen Stuhl weiter rutschen o. Ä.

Singen und Bewegen:

Wichtig ist, dass die Kinder das Metrum/den Grundschlag/den Beat des Lieds erfassen und körperlich erspüren. Übungen dazu:

- am Platz im Takt gehen
- im Takt beim Singen im Raum umhergehen
- den Grundschlag mit den Fingerkuppen auf die Tischplatte tippen

Aufbau der inneren Tonvorstellung – Überprüfungswerkzeuge

Das Ziel der Arbeit mit tabDo! ist, dass die Kinder eine **innere Tonvorstellung** entwickeln.

Das bedeutet:

1. Die Kinder können gehörte Melodien nicht nur intuitiv nachsingen, sondern differenzieren, indem sie die Töne mit den Solmisationssilben (am besten singend) benennen können.
2. Die Kinder können mit Solmisationssilben notierte Melodien singen.
3. Die Kinder können mithilfe der Solmisationssilben häufig verwendete und leicht verständliche Konstruktionsprinzipien in Melodien erforschen.
4. Die Kinder können eigene kleine Melodien erfinden und Gedichte vertonen.

Sind die Kinder auf dem Weg zu diesem Ziel? Das kann festgestellt werden, indem man die Entwicklung immer wieder mit kleinen Übungen überprüft. Die Werkzeuge in diesem Buch dazu sind:

- **Hör-Etüden** für jedes Level, die zwischendurch durchgeführt werden können. Beispiele und eine Anleitung für das Entwickeln eigener Etüden finden Sie im Anhang → S. 117.
- sogenannte **Etappenziele**, die ohne tabDo! durchgeführt werden und das Hören und Nachsingen z. B. von Liedanfängen beinhalten
- **Übungen in der eigenen Hand oder auf einer Tonleiter-Kopiervorlage**, mit der die Kinder die nachgebauten oder neu komponierten Melodien ohne tabDo! nachspielen können. Die Tonleiter-Kopiervorlage findet sich im Anhang → S. 138. Sie wird den Kindern ausgedruckt und auf stabile Pappe geklebt, damit sie mehrfach verwendet werden kann. Eine zusätzliche Tonnamenleiste dient zum Erlernen der Notennamen.
- der Selbsttest zum Gedicht „CONRADs Reise" am Ende jedes Levels. Dieses Gedicht von Hans Georg Lenzen wird mit den auf dem jeweiligen Level erlernten Tönen und Kompositionstechniken vertont.
- **Erwartungshorizont und Portfolio**, mit dem die Kinder nach jedem Level selbst prüfen können, was sie schon gelernt haben.

Methodik

Exkurs: Rhythmussilben, die zweckmäßige Ergänzung der Solmisation

Der Fokus liegt bei der Arbeit mit tabDo! auf den Tonhöhen. Diese Konzentration auf das Melodische hilft bei der Entwicklung des Tonbewusstseins, darf aber nicht dazu führen, dass das Solmisieren zum Selbstzweck wird, denn Melodien sind eine Einheit aus Melodik, Rhythmik und Form.

Um den Rhythmus eines Lieds zu verinnerlichen und zu artikulieren, wird häufig eine Rhythmussprache verwendet. Bei den Rhythmussilben unterscheiden sich die verschiedenen Schulen. Die Kodaly-Schule verwendet u. a. die Silben *ta* und *ti*. Sie wurden entwickelt aus einer Mischung von Silben für Notenbilder und Silben für Zeitpunkte. Die Methode von Edwin Gordon dagegen ordnet den Silben ausschließlich Zeitpunkte zu. Mit lediglich fünf Silben können so gut wie alle gängigen Rhythmen artikuliert werden.

Für die Methodik von tabDo! wird die Gordon'sche Rhythmussprache empfohlen.

Der Makrobeat

Stellt man das Metronom z. B. auf Viertel = 72, so hört man 72 Mal in der Minute ein „Klack".

Dieses „Klack" ist der **Makrobeat**, der Grundschlag. Will man ihn sprechend artikulieren, verwendet man dazu die Silbe *Du*, und es darf ein bisschen so klingen wie eine Basstrommel.
Egal welches Tempo gewählt wird, der Grundschlag heißt immer *Du*.

Die Makrobeats werden gruppiert und in **Takte** eingeteilt. Diese Einteilung wird durch eine Betonung auf der jeweils ersten Note des Taktes hörbar (siehe Beispiele rechts).

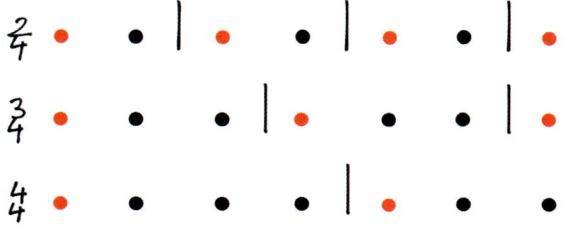

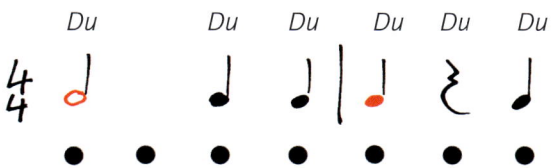

Ein Rhythmus entsteht, indem über den im Hintergrund laufenden Makrobeat einzelne Zeitpunkte lautiert werden, andere nicht (siehe Beispiel links). Wenn man den Rhythmus spricht, ist es hilfreich, den durchlaufenden Grundschlag leise mit zu klopfen.
Es gibt viele Lieder, die rhythmisch allein mit Kombinationen aus Makrobeats auskommen, wie z. B. „Taler, Taler, du musst wandern" oder „Mac Donald's Orchester".

Makrobeat und Mikrobeat: das Zweiermetrum

Zwischen zwei Makrobeats können sogenannte Mikrobeats liegen. Bei einem Zweiermetrum liegt ein Mikrobeat zwischen den Makrobeats. Im Notenbild erkennt man ein Zweiermetrum an der Taktangabe, wie z. B. 2/4, 4/4, 2/8. Für diesen Mikrobeat im Zweiermetrum wird die Silbe *dej* (gesprochen wie das englische „day") verwendet.

Beispiel: Klatschen Sie leise den Makrobeat und summen Sie „Summ, summ, summ", dann spüren Sie deutlich zwischen den Makrobeats einen Mikrobeat.

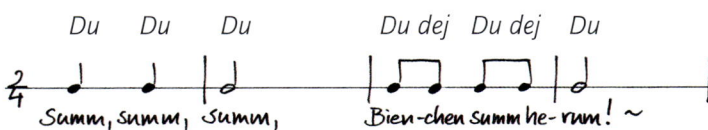

Einleitung

Durch Kombinationen entstehen aus diesem *Du dej* weitere Rhythmen.

Rhythmus mit Punktierung:
Beispiel: Anfang der deutschen Nationalhymne

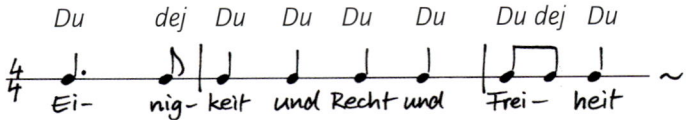

Rhythmus mit Synkope:
Beispiel: „Lass doch den Kopf nicht hängen"

Synkope heißt: Eigentlich unbetonte Zeitpunkte werden betont und das erzeugt eine rhythmische Spannung.

Makrobeat und Mikrobeat: das Dreiermetrum

Wenn zwischen den Makrobeats (*Du*) <u>zwei</u> Mikrobeats zu spüren und zu hören sind, dann artikuliert man diese Unterteilungen mit den Silben *da* und *di*. Im Notenbild erkennt man das Dreiermetrum (in der Regel) an den vorgezeichneten Taktangaben, wie z. B. 3/4, 3/8 oder 6/8.

Beispiel: Klatschen Sie wieder leise den Makrobeat und sprechen oder singen Sie den Rhythmus des Lieds „Im Märzen der Bauer".

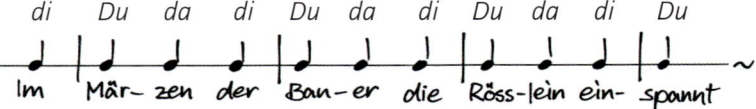

Beispiel: „Mein Hut, der hat drei Ecken"

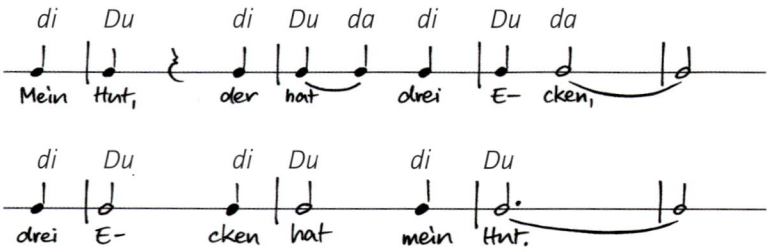

Beispiel: „Oh, wie wohl ist mir am Abend"

Material im Handbuch

Material im Handbuch

Hauptteil: Methodische Handreichung zur App auf 7 Levels

Der Hauptteil auf den folgenden Seiten (aufgeteilt auf die Levels 1–7) bezieht sich unmittelbar auf den Unterricht und die Abschnitte sind angelegt wie Unterrichtssequenzen. Sie beinhalten:

- Angaben zu den verfügbaren Tönen auf dem jeweiligen Level
- Angaben zur Einstellung in der App
- einen Einstiegsbaustein sowie in verschiedene Teile geordnete Bausteine mit Liedbeispielen. Weitere Beispiele für Lieder mit dem gleichen Tonvorrat finden sich am Ende jedes Levels.
- Bausteine für höhere Klassen (Klasse 4 oder Sekundarstufe).
- an verschiedenen Stellen eingebaute Übungen zur inneren Tonvorstellungen ohne tabDo!, entweder innerhalb der Bausteine (mit Anregungen zum Spielen in die eigene Hand oder auf einer Tonleiter-Kopiervorlage) oder als Etappenziel
- ein Selbsttest am Ende jedes Levels, der die Vertonung des Gedichts „CONRADs Reise" mit den auf dem Level erlernten Tönen und Kompositionstechniken enthält

> Die Bausteine sind als Vorschläge zu betrachten und können abgeändert oder erweitert werden.
> **Alle Bausteine können auch auf anderen Levels durchgeführt werden und mit anderen Liedern.**

Anhang

Der Anhang gliedert sich in mehrere Teile:

Hör-Etüden
Mit den Hör-Etüden gibt es eine weitere Möglichkeit, die Entwicklung der inneren Tonvorstellung zu prüfen. Vorgestellt werden Beispielübungen für jedes Level sowie ein Rezept, wie man eigene Hör-Etüden erstellt.

Glossar
Wenn Ihnen im Text Begriffe begegnen, die Ihnen nicht geläufig sind oder zu denen Sie gerne mehr Information hätten, dann schauen Sie in das Glossar (→ S. 122).

Liederliste
Die meisten Bausteine beziehen sich auf „Evergreens", die fast jedes Kind auswendig kennt. Sie dienen als Prototypen. Die Kinder können genauso auch an anderen, auch an „modernen" Liedern lernen, denn deren Melodien sind nicht anders komponiert als die der traditionellen Kinder- und Volkslieder. Eine Liste mit Liedern, die Sie auf den verschiedenen Levels alternativ verwenden können, bietet eine gute Übersicht (→ S. 129).

Kopiervorlagen
Für jedes Level wird ein Portfolio bereitgestellt, das jedem Kind zur eigenständigen Überprüfung des Erlernten ausgedruckt werden kann.
Außerdem finden Sie eine Tonleiter-Kopiervorlage zum Ausdrucken. Diese kann für die Übungen zur inneren Tonvorstellung ohne tabDo! verwendet werden, die Sie an vielen Stellen in den Bausteinen finden (z. B. → S. 42 oder S. 57): Wenn Sie vor allem mit dem Tonleiter-Bildschirm arbeiten, können die Kinder das Lied ohne tabDo! auf die jeweiligen Tonleitertöne spielen. Dazu kleben sie die Tonleiter auf feste Pappe und ergänzen die jeweiligen neu gelernten Töne. (Mithilfe der Tonnamenleiste können zusätzlich die Notennamen erlernt werden.) Vergrößert an der Wand, kann ein Kind nach vorne kommen und die Töne zeigen. So haben Sie gleichzeitig eine Überprüfung des Lernstands der Kinder.

> **Tipp zur Unterrichtsvorbereitung in aller Kürze:** Bereiten Sie sich auf den Unterricht vor, indem Sie genau das tun, was auch die Kinder tun werden. Auf diese Weise werden Sie verstehen, wie die Übungen funktionieren und wie sich dabei ein Tonbewusstsein entwickelt.

Level 1 Klingende Töne auf Level 1: Do Re Mi Fa So La Ti

> Grundsätzlich können auf diesem Level alle Aufgabenformate wie: eine Melodien nachbauen, umbauen, neu bauen usw. ausgeführt werden. Die hier vorgestellten Aufgaben sind Beispiele. Die Reihenfolge der Bearbeitung kann frei gewählt werden!

Auf Level 1 besteht der **Tonvorrat** (→ Glossar) aus nur vier Tönen, um die Kinder nicht zu überfordern. Für den Grundton Do kann die Tonart C-, D-, F- oder G-Dur gewählt werden. Verwenden Sie zu Anfang den Hand- oder Tonleiter-Bildschirm (für jüngere Kinder ist der Hand-Bildschirm besonders geeignet).

Wahl des Bildschirms:

Zum Wechseln des Bildschirms tippt man auf das Home-Symbol oben links und kehrt zurück zur Bildschirmwahl.

Hinweise:
- Generell gilt: Die Wahl des Bildschirms und der Tonart ist frei. Dennoch werden bei den Bausteinen Empfehlungen angegeben.
- Die methodischen Vorgehensweisen werden immer anhand eines Beispiellieds veranschaulicht, Sie können die Methode aber auch auf viele andere Lieder anwenden (→ z. B. Liederliste am Ende des Levels).

Einstieg:
Den Melodietönen einen Namen geben

Für diesen Baustein wird kein tabDo! benötigt.

Vorbemerkung

Damit die Kinder einen ersten Einstieg in die Welt der Töne finden, arbeiten sie zunächst mit einer weltweit bekannten, sehr einfachen Melodie, dem Glockenschlag des Big Ben in London. Dafür benötigt man zunächst die App tabDo! nicht und auch keine Noten.

Erarbeitung

Die Melodie von Big Ben

Musik: trad.

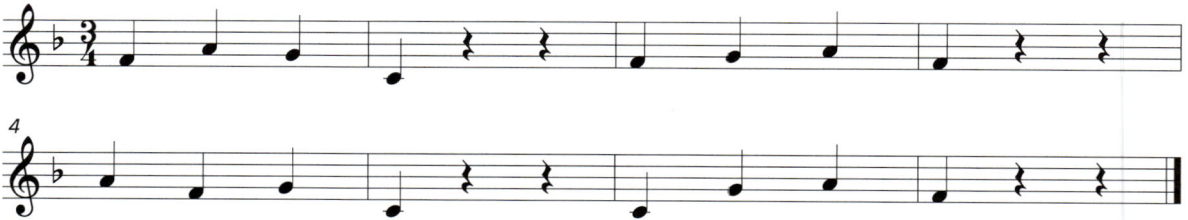

18 tabDo! · HELBLING

Einstieg

① Singen (auf neutrale Singsilbe „dum", „dam" oder „dom") oder spielen Sie die Melodie (auf einem beliebigen Instrument) vor und fragen Sie die Kinder, wie viele Glocken für die Melodie gebraucht werden. Die Antwort wird häufig „16" lauten, weil die Kinder während des Vortrags die Töne zählen. Brauchen wir also 16 Glocken? Die Kinder müssen nun genau hinhören, müssen überlegen, ob wirklich 16 unterschiedliche Glocken im Turm hängen. Vielleicht kommen die Kinder nicht von selbst auf die Antwort, dass es vier Glocken (= vier Töne) sind, die mehrfach angeschlagen werden. Doch allein durch das Nachdenken und Rätseln sind sie bereits tief vorgedrungen in die Beschäftigung mit den Tönen.

② Die vier Töne, die wir herausgefunden haben, „taufen" wir auf die Namen Do, Mi, Re und So und notieren sie an die Tafel. Die Kinder können die Glocken beispielsweise in ihr Heft malen und je nach Tonhöhe unterschiedlich groß gestalten:

③ Wir lernen nun die Melodie zu singen. Da es vielen Kindern schwerfällt, sich eine Melodie ohne einen Text einzuprägen, erleichtern wir ihnen den Zugang, indem wir die Melodie mit einem Text versehen. Den Text schreiben wir wie hier auf der rechten Seite ganz schnell mit der vereinfachten Notation (Erklärung zu dieser Notenschrift → Level 1, Baustein 4) an die Tafel:

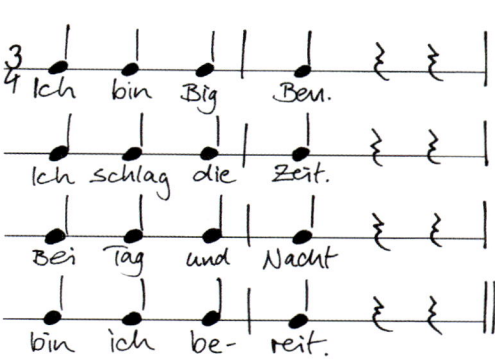

- Wir sprechen den Text und für jede Silbe machen wir einen Punkt auf den zuvor gezogenen Linien.
- Dann fügen wir Pausen und Notenhälse hinzu.
- Damit es übersichtlicher wird, ergänzen wir Taktstriche (wir teilen dazu die Töne nach Gehör auf).
- Schließlich schreiben wir noch einen Text dazu (wie im Beispiel zu sehen).

Hinweis: Diese einfache Notation, die wir im Folgenden immer wieder verwenden werden, ist schnell an der Tafel skizziert und die Kinder können sie in ihr Heft schreiben.

④ Vielleicht schaffen es die Kinder auch, selber einen Text zu verfassen. Damit erlernen sie ganz bewusst die **Beziehung Silben – Töne** (→ Glossar).

Level 1

Teil A: Eine Melodie nachbauen, umbauen und neu komponieren
(am Beispiel der Melodie von Big Ben)

Baustein 1:
Eine Melodie nachbauen

Empfohlene Do-Position:
Do auf **F**

Vorbemerkung

Hinweis: Neben den Einstellungen des Bildschirms und des Levels hat man die Wahl zwischen drei verschiedenen Klangfarben: **Klavier, Xylofon** und **Bass**. Der Bass wird natürlich nur für eine Bassstimme und insbesondere bei Übungen für das Klassenmusizieren benutzt (Beispiel → Level 1, Baustein 7). Für die Melodieübungen verwendet man den Klavier- oder Xylofonklang. Auf dem Hand-Bildschirm ist nur der Klavierklang möglich. Die Instrumenteneinstellung erreicht man über folgendes Symbol am Bildschirm:

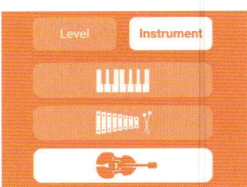

Die Kinder sollen nun die Melodie von Big Ben auf tabDo! ohne Noten, rein nach Gehör nachspielen, also **nachbauen** (→ Glossar). Folgende Überlegungen können dafür angestellt werden: Man braucht für die Melodie von Big Ben nur die vier Töne So Do Re und Mi; das haben die Kinder im letzten Baustein erarbeitet. Aber in welcher Reihenfolge erklingen die Töne? Um diese Frage zu beantworten, „hängen" sie die Töne in die Hand, so wie die Glocken im Turm hängen. Das heißt, sie lernen die Töne auf dem Hand-Bildschirm zu spielen und, wenn das gut klappt, die Töne auch in der eigenen linken Hand anzutippen und mitzusingen (→ Guidonische Hand, S. 9).

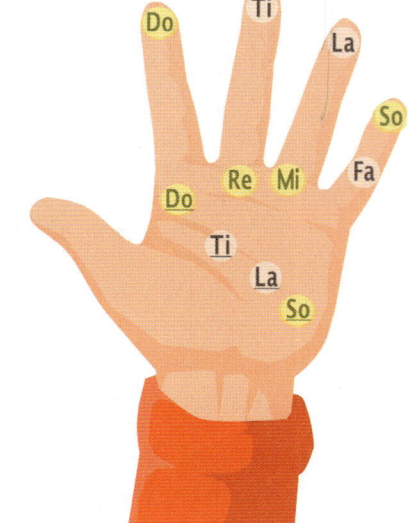

Erarbeitung

❶ Voraussetzung für das Nachbauen einer Melodie ist, dass wir ein Lied oder eine Melodie sehr sicher und auswendig singen können. Wir singen also wiederholt die Melodie auf eine neutrale Singsilbe (z. B. „dum") oder mit unserem im Einstiegsbaustein erarbeiteten Text.

❷ Wenn das Singen der Melodie gut funktioniert, nehmen wir unser tabDo! zur Hand. Wir wählen in der App den Hand-Bildschirm und stellen Level 1 oben rechts ein – hier klingen nur die Töne Do Re Mi und So.
Das tiefe Do schieben wir zur Position F, d. h. F ist der Grundton Do (Sie finden diese Informationen zur App-Einstellung auch immer oben im Kasten bei der Baustein-Überschrift).

Hinweis: An dieser Stelle fällt den Kindern evtl. auf, dass es auf dem Hand-Bildschirm zwei Do-Töne und auch zwei So-Töne gibt, einen mit und einen ohne Unterstrich. Was hat das zu bedeuten? Hier kann man über Oktavräume und die unterschiedlichen Tonlagen der Männer- und Frauenstimmen sprechen und damit schon den Grundstein für das Verständnis von Oktaven legen. Für die Unterscheidung sprechen wir ab jetzt immer vom „tiefen" und vom „hohen" So oder Do. Beim Schreiben und auf dem Hand-Bildschirm nutzen wir den Unterstrich zur Unterscheidung.

❸ Bevor die Kinder die Melodie nachbauen, geben wir noch den Hinweis: „Die Melodie beginnt mit dem tiefen Do." Nun singen die Kinder die Melodie leise vor sich hin und finden auf tabDo! die Abfolge der Töne heraus: Sie bauen die Melodie nach. Danach kann ein einzelnes Kind die Melodie vorspielen oder alle Kinder spielen gemeinsam.

Baustein 2

Hinweis: Je nachdem, wie viele Tablets in der Klasse vorhanden sind, kann die Aufgabe mit tabDo! alleine oder zu zweit an einem Tablet erarbeitet werden. Dazu eignen sich Kopfhörer, damit sich die Kinder nicht gegenseitig stören.
Wenn zwei Kinder zusammenarbeiten, kann ein Kopfhöreradapter (→ S. 6) verwendet werden und die Kinder wechseln sich mit dem Spielen ab. Die Erarbeitung ist aber auch immer mit nur einem Tablet möglich, das per Beamer an die Wand projiziert wird.
Ein Kind darf vorne die Töne drücken, die anderen überlegen gemeinsam, welcher Ton als nächstes an der Reihe ist.

Vereinfachung/Alternative:
Auf Level 2 und 3 werden zwei Methoden vorgestellt, mit denen das Nachbauen einer Melodie noch leichter gelingt. Bei der **Lücken-Melodie** (→ Glossar) geben Sie bereits einige Töne vor, die Kinder suchen die noch fehlenden heraus. Bei der **Fehler-Melodie** (→ Glossar) notieren Sie alle Töne mit Silben an der Tafel, und bauen dabei ein paar Fehler ein, die die Kinder herausfinden sollen.

❹ Mithilfe der vereinfachten Notation (Erklärung zur Notation → Level 1, Baustein 4) wird die nachgebaute Melodie nun unter die Noten geschrieben (siehe Beispiel rechts). Dieses Mal notieren wir statt des Textes die **Solmisationssilben** (→ Glossar) unter die Noten: Das sind unsere Tonnamen.

❺ Nun ergänzen wir noch die Form der Melodie (Erläuterung zur Form → Level 3, Baustein 1). Da sich kein Melodieabschnitt wiederholt, ist die Form A B C D. Wir können das mit vier verschiedenfarbigen Magneten an der Tafel verdeutlichen oder die Formbuchstaben vor die Notenzeilen notieren.

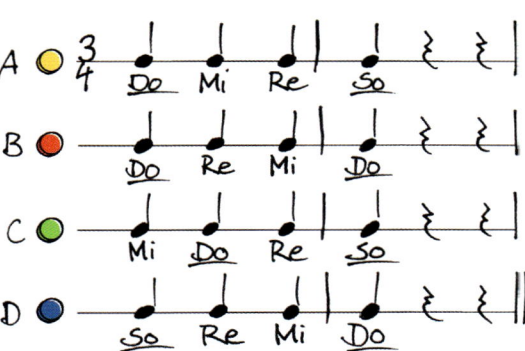

Baustein 2:
Die Melodie umbauen und neu bauen

Empfohlene Do-Position:
Do auf **F**

Vorbemerkung
Die Melodie von Big Ben kann man nicht nur nachbauen, sondern auch umbauen. Außerdem versuchen die Kinder hier, aus den Tönen etwas Neues zu komponieren.

Erarbeitung

❶ Die Kinder spielen nochmals ihre nachgebaute Melodie.

❷ Nun vertauschen sie die Töne der Melodie, sie bauen sie also um und notieren die jeweils neu entstandene Melodiezeile. Jetzt spielen sie und kontrollieren dabei genau mit ihrem Gehör: Klingt die umgebaute Melodie „irgendwie" richtig?

Beispiel:

Zeile 1: Melodie	Do	Mi	Re	So
Zeile 1: Umbau	Re	Mi	Do	So
Zeile 2: Melodie	Do	Re	Mi	Do
Zeile 2: Umbau	Do	Do	Re	Mi

Level 1

❸ Wenn alle neuen Zeilen mit dem Gehör geprüft und für „gut klingend" befunden worden sind, notieren die Kinder noch einmal fein säuberlich die gesamte neu gebaute Melodie, sozusagen das Endprodukt aus dem Umbau. Jetzt ist es eine eigene Komposition. Falls die Kinder fragen: „Warum notieren?", wäre die Antwort: „Damit eure Melodie nicht verlorengeht. Damit wir sie wiederbeleben können, wenn wir sie vergessen haben."

Hier drei Beispiele, die Kinder komponiert haben:

Beispiel 1:

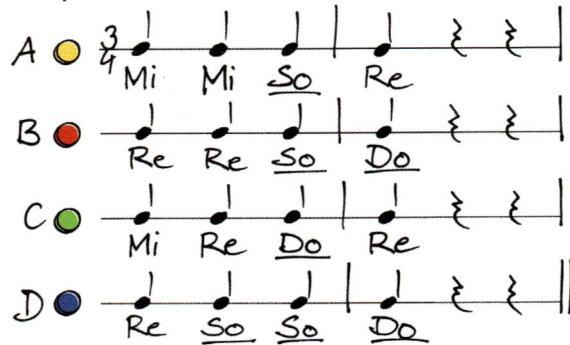

Beispiel 2:

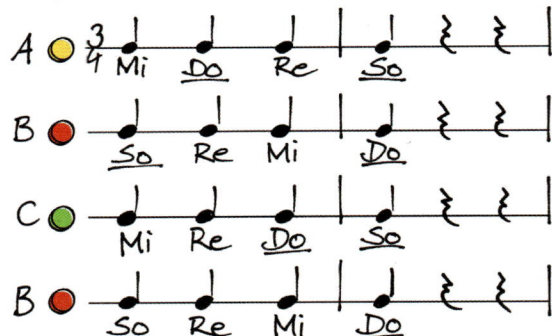

Beispiel 3:

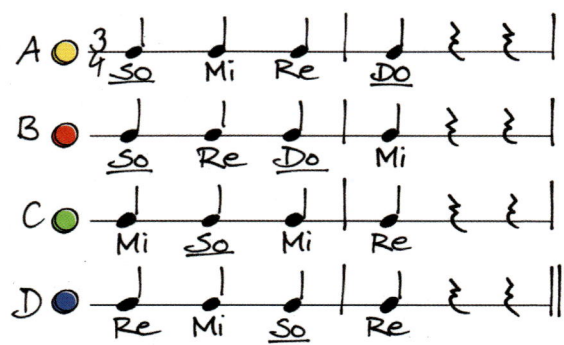

- **Beispiel 1:** Das Kind hat vier verschiedene Teile komponiert. Das Ergebnis ist gut gelungen.

- **Beispiel 2:** Das Kind hat in der Form A B C B komponiert. Auch hier klingt das Ergebnis richtig.

- **Beispiel 3:** Das Kind macht nichts „falsch". Aber es klingt am Schluss nicht „logisch". Warum?
  Das Kind hat noch kein **Grundton-Gefühl** (→ Glossar) – sozusagen ein „Do-Gefühl"

– entwickelt. Dem könnte man nachhelfen, indem wir zu Beginn der Aufgabe sagen: „Die Melodie muss auf Do enden". Das Erstaunliche ist aber, dass die meisten Kinder selbst herausfinden, wie ein Schluss klingen muss. Deshalb geben wir hier nichts vor und lassen die Kinder ihre selbst gebauten Melodien vorsingen. Das Grundton-Empfinden stellt sich von alleine ein.

Hinweis: Für die Entwicklung einer Tonvorstellung ist es wichtig, dass die Kinder ihre umgebaute oder **neu komponierte Melodie singen können.** Wenn die Kinder ihre Melodie nur reproduzieren, indem sie die Solmisationssilben lesen und auf die entsprechende Stelle in tabDo! tippen, dann haben sie die Töne noch nicht „verinnerlicht". Ein Tonbewusstsein stellt sich dann ein, wenn die Melodien sehr oft und immer wieder geübt und gesungen werden, bis sie im Kopf verankert sind. Das können wir so üben:

- Wir tippen die Melodien immer wieder ohne tabDo! in die eigene Hand (→ Guidonische Hand, S. 9) und singen sie dazu.

- Wer ausschließlich mit dem Tonleiter-Bildschirm arbeitet, kann den Kindern die Tonleiter als Kopiervorlage (→ Anhang, S. 138) ausdrucken. Die Kinder tippen die Töne dann auf den jeweiligen Tonleiterton und singen dazu.

- Zur Überprüfung können Sie eine Hand oder eine Tonleiter an die Tafel malen oder vergrößert an die Tafel hängen und einzelne Kinder kommen nach vorne und zeigen dort die Töne an.

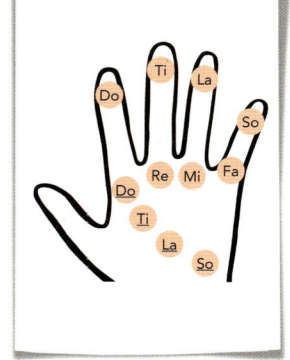
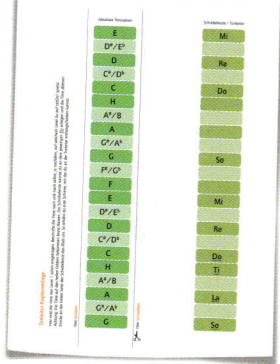

Baustein 3

Teil B: Vereinfachte Notation, Rhythmussprache, Klasseninstrumentarium
(am Beispiel des Lieds „Hoch im Kirchturm")

Baustein 3:
Ein Lied singend erarbeiten

Für diesen Baustein wird kein tabDo! benötigt.

Vorbemerkung

Das nun folgende Lied thematisiert ebenfalls die Glocken eines Turms. Der B -Teil ahmt die Glockenschläge nach.

Erarbeitung

Hoch im Kirchturm

Text u. Musik: Herbert Schiffels
© Helbing

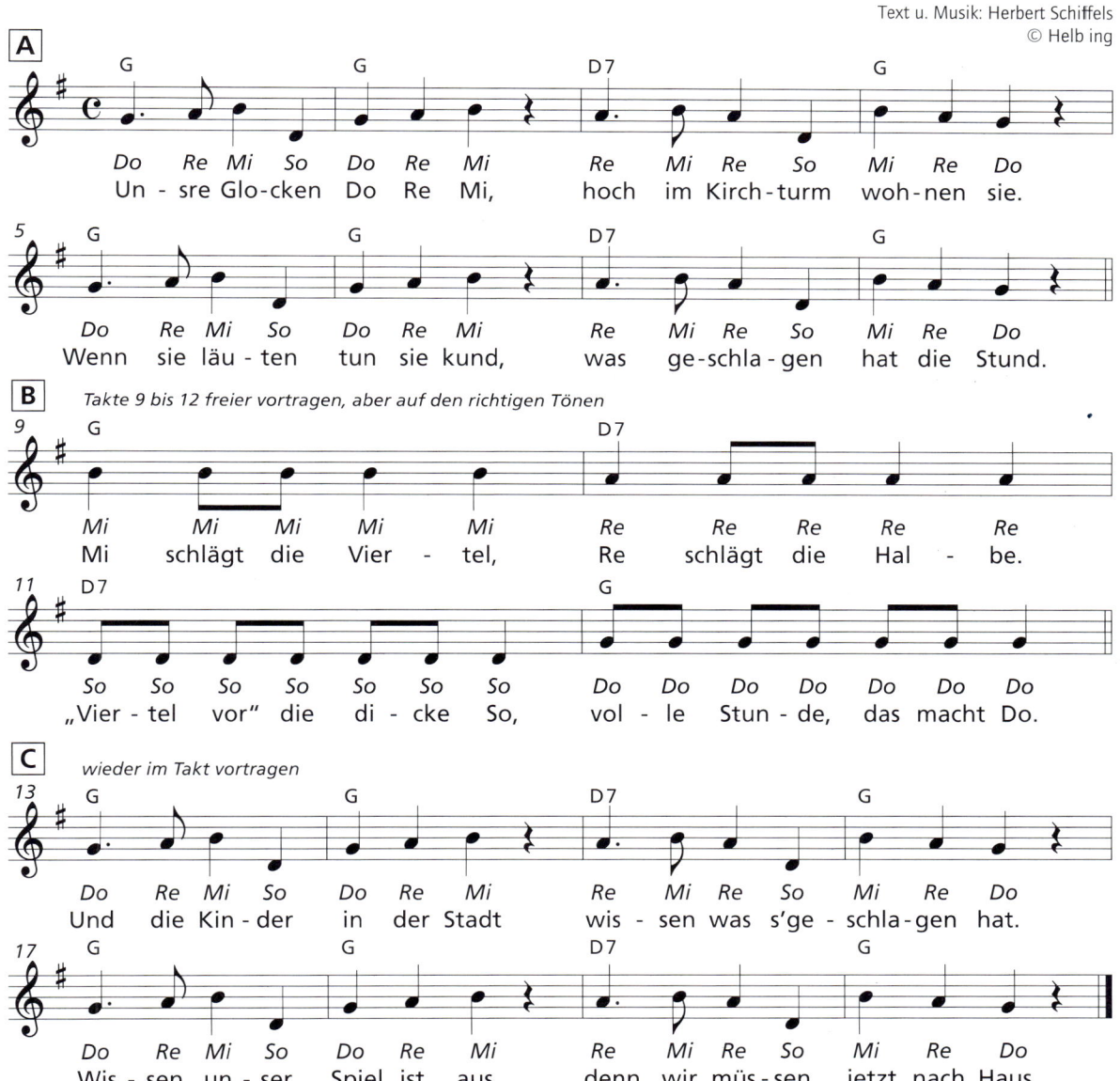

tabDo! · HELBLING 23

Level 1

❶ Damit wir mit diesem unbekannten Lied auf tabDo! arbeiten können, lernen wir zunächst Text und Melodie gut kennen, sodass wir das Lied bald auswendig „im Kopf" singen können. Nutzen Sie dazu alle Möglichkeiten der Erarbeitung und Gestaltung von Liedern (→ Liederarbeitung, S. 13). Je stärker eine Melodie im Kopf verankert ist, desto schöner sind im späteren Verlauf die Ergebnisse, wenn mit dieser Melodie gespielt wird.

❷ Als nächstes können wir uns z. B. mit dem Textinhalt beschäftigen, auch das dient der Verankerung des Lieds im Gedächtnis. Hier eignet sich z. B. das Thema „die Uhr" für eine szenische Gestaltung:
Die Kinder spielen im B-Teil mit dem Arm den Uhrzeiger. Sie sind also die Uhr, auf die man schaut. Das bedeutet:
- „Mi schlägt die Viertel" = Arm nach links
- „Re schlägt die Halbe" = Arm nach unten
- „,Viertel vor' die dicke So" = Arm nach rechts
- „volle Stunde, das macht Do" = Arm nach oben

Baustein 4: Den Liedrhythmus mit der vereinfachten Notation aufschreiben

Für diesen Baustein wird kein tabDo! benötigt.

Vorbemerkung

Die **vereinfachte Notation** (→ Glossar) ist ein effektives Werkzeug, um Musik ganz einfach und schnell an der Tafel zu notieren. Sie wird beinahe in jedem Baustein verwendet. Diese Art der Notation können auch schon Kinder ohne Notenkenntnisse erstellen.

Erarbeitung

❶ Die Kinder sprechen den Text des A-Teils Silbe für Silbe im Liedrhythmus: Der Text hat dem Reim nach vier Abschnitte. Sichtbar wird das, wenn wir diese Abschnitte, wie bei Gedichten üblich, in vier Zeilen aufschreiben (am besten direkt auf der Tafel oder einer Projektionsfläche, die alle Kinder sehen).

❷ Wir gestalten nun zusammen ein vereinfachtes Notenbild:

- Wir sprechen den Text nochmals im Liedrhythmus und für jede Silbe machen wir einen Punkt auf den zuvor gezogenen Linien. Wir stellen fest, dass der Rhythmus in allen Zeilen gleich ist.

- Wenn wir uns nun beim Singen zuhören, hört man, dass Zeile 2 anders klingt als Zeile 1, dass aber die Zeilen 3 und 4 eine Wiederholung der Zeilen 1 und 2 sind. Wir veranschaulichen das mit z. B. farbigen Magneten bzw. Formbuchstaben.

- Nun fügen wir noch die Notenhälse, die Pausen, die Taktstriche und die Punktierung hinzu und fertig ist die vereinfachte Notation. Diese Form der Verschriftlichung können Sie ohne weitere Kommentare machen. In höheren Klassen bietet es sich aber bei dieser Gelegenheit an, sozusagen beiläufig die Begriffe „Notenhals", „Takt" und „Punktierung" einzuführen.

Baustein 5/6

Baustein 5:
Den Liedrhythmus erarbeiten

Für diesen Baustein wird kein tabDo! benötigt.

Vorbemerkung

Um einen Rhythmus sprechend oder singend eindeutig lautieren zu können, eignet sich die Verwendung einer Rhythmussprache. Dadurch wird ein Gefühl für die Positionierung der Töne auf dem **Grundschlag** bzw. **Beat** (→ Glossar) bzw. dazwischen sowie für unterschiedliche Tondauern aufgebaut.

Hinweis: Eine ausführliche Darstellung der Rhythmussprache finden Sie in der Einleitung (→ S. 15).

Erarbeitung

❶ Alle vier Zeilen des A-Teils haben denselben Rhythmus. Den Grundschlag artikulieren wir, der Gordon'-schen Rhythmussprache entsprechend, mit der Silbe *Du*, man spricht auch vom **Makrobeat**. Die Töne zwischen den Beats, die sogenannten **Mikrobeats** (→ Glossar) werden mit der Silbe *dej* (gesprochen wie das englische „day") artikuliert. Den Rhythmus des A-Teils sprechen wir also so (und gehen dazu z. B. am Platz in Halben):

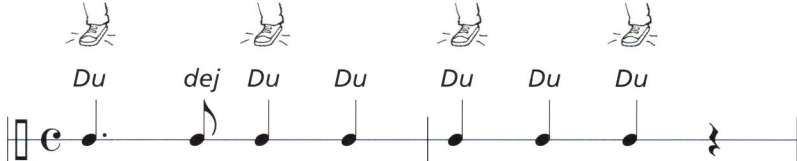

Hinweis: Die Rhythmussilben werden <u>nur</u> gesprochen oder gesungen, aber nie zu den Noten dazugeschrieben! Sie sind nur eine Hilfe zum Lautieren des Rhythmus.

❷ Die Kinder können den A- und C-Teil des Lieds nun singen oder sprechen und dabei den Grundschlag (Beat) oder die Halben dazuklopfen, -klatschen, -stampfen oder auf der Stelle gehen.

❸ Der B-Teil wird nicht streng im Takt gesungen. Zuerst schlägt ein Kind auf einem Metallofon das Mi an und alle singen „Mi schlägt die Viertel". Dann wird Re angeschlagen, alle singen „Re schlägt die Halbe" usw.

Baustein 6:
Die Melodie nachbauen

Empfohlene Do-Position:
Do auf **G**

Vorbemerkung

Die Kinder haben das Lied nun gesungen, den Rhythmus notiert und gesprochen. Nun können sie mit tabDo! herausfinden, „wie die Melodie funktioniert", indem sie sie nachbauen.

Erarbeitung

❶ Sie wählen in der App den Hand- oder Tonleiter-Bildschirm und stellen Do auf Position G (G-Dur). Dazu gibt man noch den Hinweis: „Die Melodie beginnt mit Do." Die Kinder erarbeiten sich nun selbständig die Melodie des A-Teils auf tabDo!, entweder auf niedriger Lautstärke oder mit Kopfhörern. Dabei kontrollieren sie sich selber mit ihrem Gehör.

❷ Wir halten das Ergebnis fest und schreiben die Tonnamen in Solmisationssilben unter unsere bereits bestehende rhythmische Notation.

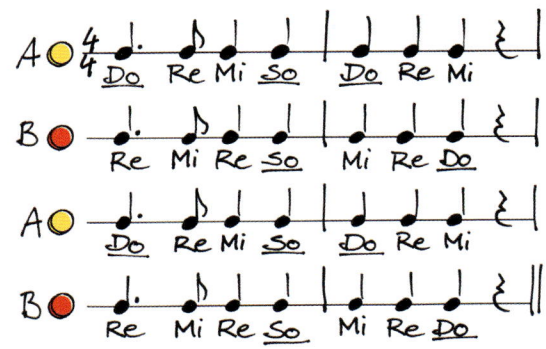

Level 1

③ Und nun können wir (ohne tabDo!) das Lied (Teil [A] und [C]) auf zwei verschiedene Weisen ohne Text, dafür mit voller Konzentration auf die Melodie singen:

- statt des Textes mit Rhythmussilben,
- statt des Textes mit Solmisationssilben.

Dazu tippen wir die Töne z. B. in unsere linke Hand oder verwenden die Tonleiter-Kopiervorlage (→ Anhang, S. 138).

Baustein 7: Melodie und Bass – mit tabDo! das Klassenmusizieren vorbereiten und auf echten Instrumenten umsetzen   Empfohlene Do-Position: Do auf **G**

Vorbemerkung

In diesem Baustein werden die übrigen Bildschirme von tabDo! (wenn sie noch nicht bereits verwendet werden) eingeführt und das Melodiespiel um eine Bassbegleitung ergänzt. Außerdem kommt hier nun auch das gesamte Klasseninstrumentarium zum Einsatz.

Erarbeitung

① Die Kinder wählen z. B. den Tonleiter- oder Noten-Bildschirm und spielen die nachgebaute Melodie aus dem vorigen Baustein – zunächst mit Kopfhörern, dann alle gemeinsam ohne Kopfhörer. Das ist die Vorübung für das Klassenmusizieren mit Orff-Instrumenten.

② Nun wird die Melodie auf echte Instrumente übertragen:

- **Orff-Instrumente:**
  Zur Erleichterung werden alle nicht gebrauchten Klangstäbe entfernt. Auf diese Weise können wir ein Xylofon so einrichten, dass die Kinder gar keine „falschen" Töne spielen können. Aber wie schaffen die Kinder die Übertragung der Solmisationssilben auf Tonnamen? Bei jüngeren Kinder helfen wir, indem wir die Klangplatten mit Solmisationssilben bekleben (→ Bild rechts). Wir können den Transfer aber auch mittels tabDo! veranschaulichen: Die Kinder sehen im Tonleiter- oder Noten-Bildschirm bei der Position Do = G die Zuordnung: So = D, Do = G, Re = A und Mi = H. Diese Tonnamen übertragen sie auf die Instrumente.

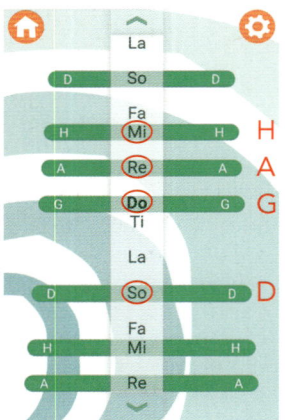

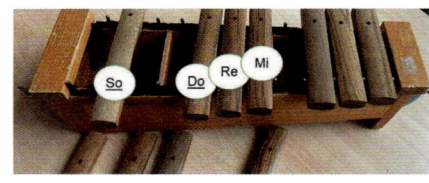

- Für die Melodie im [B]-Teil, die den Glockenschlag verdeutlicht, bieten sich **Boomwhackers** an. Vom Hersteller wurden die Solmisationssilben Do Re Mi usw. leider auf die Rohre der C-Dur-Tonleiter gedruckt. So bekommt man den Eindruck, Do wäre immer C. Wir wissen aber, dass Do für jeglichen Grundton stehen kann. Wir wählen also die Boomwhackers, die wir für unser Lied in G-Dur benötigen und bekleben sie wieder mit beschrifteten Etiketten.

Do = C / C-Dur   Do = F / F-Dur   Do = G / G-Dur

Baustein 7

Hinweis: Je nachdem, wo wir das Do in tabDo! positioniert haben, werden andere Boomwhacker-Töne beklebt. Hier eine Übersicht:

Tonart → Solmisilben ↓	C-Dur	D-Dur	F-Dur	G-Dur
Mi	E	F#	A	H
Re	D	E	G	A
Do	C	D	F	G
So	G	A	C	D

- **Soundbellows:**
  Dieses Instrumentarium gibt es seit 2020 und bereichert das Klassenmusizieren im Bereich der Performance. Auch damit können wir im B-Teil spielen. Wie bei den Boomwhackers gibt es pro Ton ein Instrument (= ein Soundbellow). Sie können damit genauso umgehen und die jeweiligen Töne mit Solmisationssilben bekleben.

❸ **Bassstimme:**

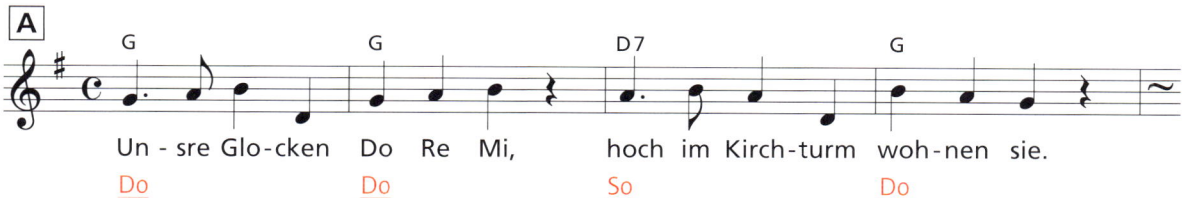

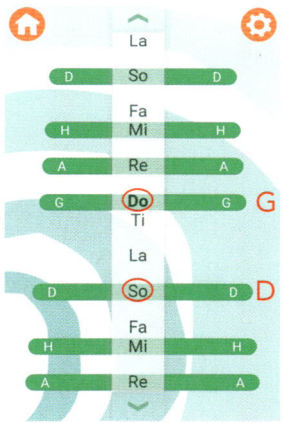

Über den Noten stehen in der Regel Harmonien, die zur Melodie gespielt werden. Z. B. bedeutet G = G-Dur-Dreiklang. Dabei ist G der Baston. Auf dem Tonleiter- und Noten-Bildschirm ist die Zuordnung der Töne wieder unmittelbar erkennbar (→ Abbildung links). Man stellt also zunächst bei tabDo! das Instrument „Bass" ein und das Do positioniert man im Tonleiter- oder Noten-Bildschirm auf G. Jetzt können wir zur Melodie die jeweiligen Akkordbasstöne spielen.

Als nächstes übertragen wir die Bassstimme auf Bassklangstäbe. Falls in der Schule vorhanden, können auch Kontrabass oder E-Bass eingesetzt werden. Auf beiden Instrumenten sind G und D leere Saiten und deshalb kann jedes Kind ganz leicht darauf spielen, wenn es weiß, wann es welche Saite zupfen muss.

Hinweis: Genau dafür „simulieren" wir zunächst die Bassstimme auf tabDo!, damit wir ein Tonbewusstsein dafür entwickeln und die Stimme dann auf alle möglichen Instrumente übertragen können.

❹ Nun könnten wir „Hoch im Kirchturm" instrumental z. B. so präsentieren:
- Wir spielen die Teile A und C auf Orff-Instrumenten und ergänzen die Bassstimme.
- Die Glockenschläge im Teil B spielen wir auf Boomwhackers oder Soundbellows.
- Zum Abschluss läuten wir die Glocken: Die Kinder spielen mit Boomwhackers oder Soundbellows Töne ohne bestimmtes Metrum und durcheinander und ahmen so ein Glockengeläut nach, das allmählich langsam ausklingt.

Level 1

Teil C: Texte vertonen (am Beispiel von „Eine kleine Mickymaus")

Nach dem Spiel mit Tonmaterial kommt nun der nächste Schritt: Texte vertonen. In diesem Teil wird gezeigt, wie aus Abzählreimen Lieder entstehen.

Abzählreime sind kurz und der Rhythmus ist durch den Text schon vorgegeben. Die Kinder könnten mit tabDo! gleich loslegen, sich ihre Komposition merken und vortragen. Wie aber halten sie ihre Vertonung dauerhaft fest? Dazu bedarf es einiger Vorarbeiten, die in den folgenden Bausteinen beschrieben werden.

Baustein 8: Den Rhythmus eines Abzählreims herausfinden und notieren

Für diesen Baustein wird kein tabDo! benötigt.

Erarbeitung

❶ Wir erarbeiten uns zunächst eine Silbenaufteilung im Sprechrhythmus. Wenn wir beim Sprechen die Silben mitklatschen, ergibt sich ein 4/4-Takt mit acht Achteln bzw. vier Vierteln pro Takt.

❷ Zur Visualisierung legen wir eine entsprechend gerasterte Tabelle an, in der wir die Silben so eintragen, wie man sie im Reim spricht:

1		2		3		4	
Ei-	ne	klei-	ne	Mi-	cky-	maus	
zieht	sich	ih-	re	Schu-	he	aus.	
Zieht	sie	wie-	der	an.		Und	
du		bist		dran.			

❸ Der Grundschlag (Beat) mit der Rhythmussilbe *Du* befindet sich auf der 1, 2, 3 und 4 und der Mikrobeat *dej* dazwischen. Wenn man den Rhythmus mit Rhythmussilben spricht, klingt das also so:

1		2		3		4	
Du	dej	Du	dej	Du	dej	Du	
Du	dej	Du	dej	Du	dej	Du	
Du	dej	Du	dej	Du		Du	
Du		Du		Du			

❹ Als nächstes notieren wir den Reim mit der vereinfachten Notation, wie wir es bereits aus den vorigen Schritten kennen: Wir sprechen den Text und für jede Silbe machen wir einen Punkt auf den zuvor gezogenen Linien. Wir ergänzen den Text, die Notenhälse und Pausen.

♫ = Du dej   ♩ = Du

Baustein 9

Baustein 9:
Den Reim vertonen

Empfohlene Do-Position:
Do auf **D**, **F** oder **G**

Erarbeitung

Nun können die Kinder mit der Vertonung beginnen. Dafür gibt man ihnen am besten im Vorfeld einen begrenzten Tonraum:

- **Beispiel 1** (unten links) zeigt eine Komposition mit der Vorgabe, die Töne Do Re Mi So zu verwenden.
- **Beispiel 2** (unten rechts) zeigt eine Komposition mit der Vorgabe, die Töne So Do Re Mi So zu verwenden.

Außerdem legen wir wieder fest, dass der Reim auf Do enden soll.

Die Vertonungen können dann also so aussehen:

Beispiel 1:　　　　　　　　　　　　　　　**Beispiel 2:**

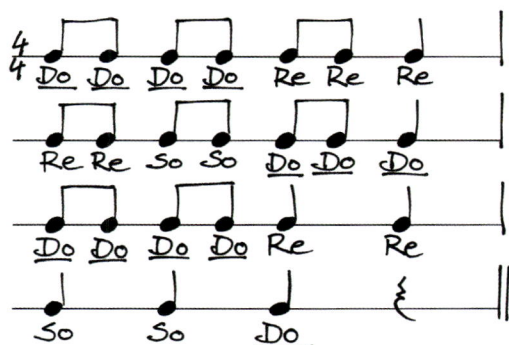 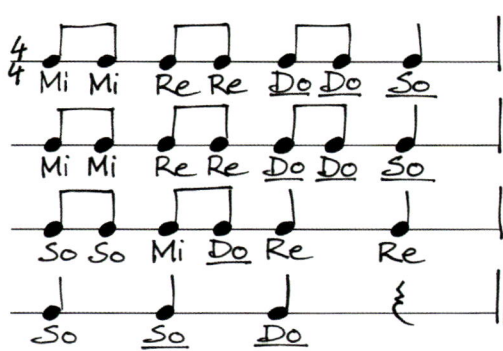

Hinweis: An dieser Stelle sei daran erinnert: Es geht um die Entwicklung der Tonvorstellung. tabDo! ist das Hilfsmittel in der „Kompositionsphase". Wichtig ist aber, dass die Kinder die selbst komponierte Melodie (innerlich) mitsingen und so ein Tonbewusstsein aufbauen!

Variante: Viele weitere Abzählreime können alternativ zur Vertonung verwendet werden, z. B. „Eins zwei drei, Butter mit Brei", „Es war einmal ein Männchen" usw.

Es war einmal ein Männchen,
das kroch in ein Kännchen.
...

Level 1

Teil D: Fanfaren komponieren

Bis hierher wurden die Töne So Do Re Mi So verwendet. Jetzt fehlt noch das hohe Do. Melodien mit einem Umfang von So bis Do sind auf allen Levels eher selten. Aber es gibt eine bestimmte Art von Melodien, die die Töne So Do Mi So Do benutzt, das Re also auslässt. Das sind die „Signal-Melodien", die in früheren Zeiten der Postillion auf der Postkutsche blies, oder der Trompeter beim Militär.

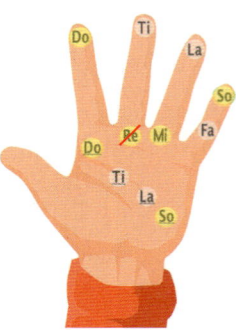

Und heute noch erlebt man sie bei Fanfaren-Spielzügen, Jäger spielen sie auf dem Jagdhorn und im alpenländischen Gebiet die Alphörner. Diese Hörner haben keine Ventile, deshalb kann man darauf nur „Naturtöne" spielen. Das reduziert die Anzahl der Töne auf fünf bis sechs, und das sind So Do Mi So Do, die zusammen einen **Durdreiklang** (→ Glossar) ergeben.

Jagdhorn

Baustein 10: Fanfaren hören und vergleichen

Für diesen Baustein wird kein tabDo! benötigt.

Vorbemerkung

Als „Umgebungs-Szenario" für die Kinder eignet sich das Bild eines Postillions mit seinem Posthorn. Damit die Kinder wissen, was ein Posthorn ist, können Sie an dieser Stelle auf das Logo der Deutschen Post verweisen und ein Gespräch darüber anregen, warum sich die Post wohl ausgerechnet dieses Bild ausgesucht hat. Erklärt man dann den Sinn und Zweck eines Posthorns früher, wird die Melodie sogar noch mit einer Geschichte verknüpft, was sie für die Kinder gleich viel lebendiger macht.

Erarbeitung

❶ Singen oder spielen Sie den Kindern auf einem beliebigen Instrument unterschiedliche Fanfaren vor, damit sie eine Vorstellung davon bekommen, wie sie klingen. Beispiele können sein:

Fanfare 1:

Fanfare 2:

❷ Die Kinder können auch selbst im Internet auf die Suche nach Fanfaren gehen (auf YouTube die Suchbegriffe „Fanfare" und „Posthorn" eingeben).

❸ Im Anschluss soll ein Gespräch darüber entstehen, was die Kinder gehört haben. Wie klingen Fanfaren? Was ist ihr „Markenzeichen"? Damit bereiten wir das eigene Komponieren von Fanfaren vor.

Baustein 11

| **Baustein 11:** Fanfaren selbst komponieren |  | Empfohlene Do-Position: beliebig |

Erarbeitung

❶ Nun bekommen die Kinder die Aufgabe, selbst eine Fanfare mit den Tönen So Do Mi So Do zu komponieren (wichtig: ohne Re!)., zunächst noch ohne Rhythmus. Auch hier arbeiten wir mit der vereinfachten Notation, indem die Kinder die Solmisationssilben unter die Noten schreiben und immer wieder mit tabDo! kontrollieren, ob die Melodie schlüssig klingt. Die typische Dreiklangsmelodik sollte deutlich zu hören sein.

Beispiel 1:

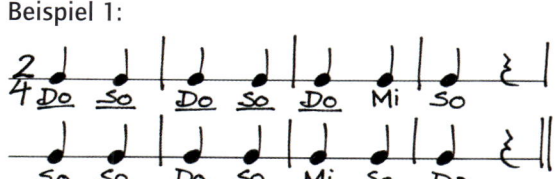

Beispiel 2:

❷ Damit diese ersten Kompositionen noch mehr den Aufforderungscharakter einer Fanfare bekommen, setzen wir einen Rhythmus auf die Melodie. Lassen Sie hierfür die Kinder einfach mit der App oder singend ausprobieren, welcher Rhythmus passt. Wichtig ist es hier, dass der Rhythmus noch nicht aufgeschrieben wird. Es geht an dieser Stelle darum, dass die Kinder mit dem Durdreiklang spielen und ihn in ihr Tongedächtnis aufnehmen.

❸ Wo könnte man die entstandenen Fanfaren einsetzen? Z.B. in einer Geschichte: Auf einem Berg steht ein Herold, auf einem anderen Berg ein zweiter Herold. Die Kinder können das pantomimisch darstellen. Sie halten eine imaginäre Trompete und schmettern ihre komponierten Fanfaren-Signale (täterätäta) von einem zum anderen Ende des Klassenzimmers.

Idee: Man könnte auch überlegen, ob man nicht den Pausengong durch eine Fanfare ersetzt. Die beste der von den Kindern komponierten Fanfaren wird ausgewählt, aufgenommen und statt des üblichen Standard-Pausenzeichens in der Anlage des Schulgebäudes installiert.

Level 1

Teil E: Einstieg in die Notenschrift (für höhere Klassen)

Die Notenschrift ist ein heikles Thema. Der Umgang mit ihr ist nur dann sinnvoll, wenn eine innere Tonvorstellung mit den Noten verknüpft wird. Daher lohnt sich ein Übergang zur Notenschrift erst, wenn die Kinder ein gefestigtes Tonbewusstsein erlangt haben.

Hinweis: Eine genauere Beschäftigung mit dem Noten-Bildschirm und der Notenschrift wird auf Level 7 gezeigt. Kleinere Übungen zum Erlernen der Notennamen können Sie mit der Tonnamenleiste als Kopiervorlage (→ Anhang, S. 138) durchführen.

Baustein 12: Die vereinfachte Notation in die klassische Notenschrift umwandeln    Empfohlene Do-Position: Do auf **G**

Vorbemerkung

Das Ziel jedes Musikunterrichts heißt: Die Kinder sollen sinnentnehmend Notenlesen lernen. Oft können sich Kinder aber ohne Instrument nicht vorstellen, wie eine Notenfolge klingt. Deswegen ist es wichtig, die Verbindung Klang – Notenbild immer wieder zu üben und so im Bewusstsein zu verankern. Dieses sinnentnehmende Notenlesen ist nicht einfach und braucht viel Zeit und immer wieder Übung. Deshalb beschränkt man sich am Anfang auf wenige Töne.

Hinweis: Auf dem Noten-Bildschirm wird für diese Übung Level 5 eingestellt!

Erarbeitung

Bei der vereinfachten Notation haben wir uns bisher auf Text und Rhythmus fokussiert. Nun können wir mit dem Noten-Bildschirm von tabDo! auch die Melodie in die Notenschrift überführen (hier am Beispiel „Hoch im Kirchturm" aus Teil B, Baustein 6):

1. Wir nehmen unsere vereinfachte rhythmische Notation aus Teil B, Baustein 6 und schreiben darunter ein Fünflinien-Notensystem. Notenschlüssel, Taktangabe geben wir vor.

2. Dann stellen wir auf tabDo! den Noten-Bildschirm ein, dazu Level 5 in den Einstellungen und setzen das Do auf Position G.

3. Nun lesen wir die Noten über den Solmisationssilben und schreiben sie zunächst nur als Punkte in das Fünflinien-Notensystem (möglichst genau unter den Rhythmus der vereinfachten Notation).

4. Dann ergänzen wir Notenhälse, den Punkt bei der punktierten Note und die Pausen.

Do = G führt zum Notenbild in G-Dur

Etappenziel

Etappenziel: Eine Tonvorstellung ohne tabDo! entwickeln

Für diesen Baustein wird kein tabDo! benötigt.

Vorbemerkung

Das Ziel ist erreicht, wenn sich die Tonvorstellung der Kinder so gut entwickelt hat, dass sie tabDo! nicht mehr brauchen, sondern sich die Töne einer Melodie innerlich vorstellen können. Damit der Weg dorthin nicht so weit ist, werden die Levels in Etappen unterteilt und kleine Etappenziele und Selbsttests eingestreut, mit denen Sie überprüfen können, wie sehr sich das Tonbewusstsein bei den Kindern schon eingestellt hat.

Unsere Hand haben wir ständig „zur Hand". Vielleicht klingt es innerlich schon, wenn die Kinder einfach nur die eigene Hand zur Darstellung der Töne benutzen? Oder, wenn Sie ausschließlich den Tonleiter-Bildschirm verwendet haben, können die Kinder die Töne auf die Tonleiter tippen, die sie als Kopiervorlage ausgeteilt bekommen (→ Anhang, S. 138).

Die Kinder kennen viele Lieder, die z. T. noch aus der Kindergartenzeit stammen. Damit lassen sich schöne „Hörspiel"-Aufgaben in den Unterricht einstreuen. Diese Höraufgaben sollten nur hörend und singend durchgeführt werden, nicht schriftlich.

Erarbeitung

Die untenstehende Liste enthält Liedanfänge mit den drei Tönen Do Re Mi.

❶ Sagen Sie eines der Lieder an. Voraussetzung ist, dass die Kinder das Lied kennen.

❷ Nun sollen sich die Kinder den Anfang innerlich vorstellen und mit Hilfe ihrer Hand herausfinden, wie die Tonfolge ist. Da das Tonmaterial auf drei Töne begrenzt ist, ist das gar nicht so schwer.

❸ Ob die Kinder die richtige Tonfolge herausgefunden haben, können Sie auf verschiedene Arten prüfen:

- Einzelne Kinder singen die Lösung solistisch mit Silben vor.
- Sie zeichnen eine große Hand an die Tafel und einzelne Kinder zeigen die Tonfolge. Die anderen können dazu singen.
- Auf einem Xylofon mit gekennzeichneten Tönen Do Re Mi spielen einzelne Kinder die Tonfolge vor. Dasselbe geht auch auf tabDo!.

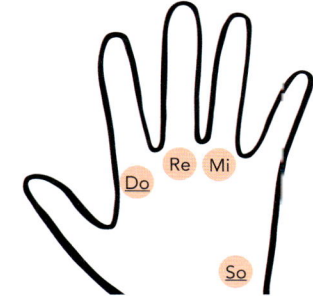

Hinweis: Je nachdem, wie gut die Kinder sich Liedanfänge mit drei Tönen vorstellen können, lohnt es sich, auch das tiefe So hinzuzunehmen (→ Liste „Für Fortgeschrittene").

Für den Anfang

Liedanfänge aus Do Re Mi

Au clair de la lune	Do Do Do Re Mi Re
Heut soll das große Flachsernten sein	Do Do Do Do Do Mi Do Do Do
Wer will lustige Handwerker sehn	Do Do Do Do Do Mi Do Do Do
Leise rieselt der Schnee	Mi Mi Re Mi Re Do
Schlaf, Kindchen, schlaf	Mi Re Re Do
Wenn ich ein Vöglein wär	Do Do Do Mi Re Do
Winter ade	Mi Mi Re Do

Level 1

Für Fortgeschrittene
Liedanfänge aus So Do Re Mi

Auf du junger Wandersmann	Do So Do Re Mi Mi Mi
Die Gedanken sind frei	So So Do Do Mi Do So
Es klappert die Mühle	So Do Do Do Do Re Mi Mi Re Re Re
Es tönen die Lieder	So Do Do Do Re So So Re Re Re Mi Do
Im Frühtau zu Berge	So Do Mi So Do Mi Do Re Re Re Re
Im Märzen der Bauer	So Do Do Mi Re Re
Kein schöner Land	So So So Do Mi Re Do Re
O Tannenbaum	So Do Do Do Re Mi Mi Mi
Taler, Taler, du musst wandern	Do Do Mi Mi Re Re Do So
Zeigt her eure Füßchen	So Do Do Mi Do Do So Do Do Mi Re

Für ältere Kinder
(weitere Beispiele mit schwierigeren Liedern, meistens der Refrain)

Lieder mit nur Do Re Mi am Anfang	Lieder mit So Do Re Mi am Anfang
Aux Champs-Élysées	Aber bitte mit Sahne
Fivehundred Miles	Amazing Grace
Rock My Soul	An Tagen wie diesen
Über sieben Brücken musst du gehen	Good Night Ladies
	La Cucaracha
	Liebeskummer lohnt sich nicht
	L'inverno è passato
	Sing, Sing, Sing

Selbsttest: Kleine Liedermacher – „CONRADs Reise" auf Level 1

Empfohlene Do-Position: beliebig

Mit diesem Selbsttest am Ende jedes Levels können die Kinder testen, was sie schon gelernt haben und umsetzen können. Beispiele dazu demonstrieren wir anhand des Gedichts „CONRADs Reise" von Hans Georg Lenzen, welches von den Kindern vertont werden soll. Nach und nach kommen auf den Levels mehr Töne hinzu, die bei der Vertonung mit berücksichtigt werden sollen. Doch nicht nur der Tonumfang nimmt zu: Auch das musikalische Wissen der Kinder wird größer und kann auf jedem Level bei der Vertonung umgesetzt werden.

Hier auf Level 1 haben wir gelernt, einen Text in einen Rhythmus umzusetzen und ihn dann zu vertonen. Das probieren wir auch hier.

Selbsttest

Erarbeitung

1 Eine Strophe hat vier Zeilen, also wird sich im Lied eine vierteilige Form ergeben. Wir sprechen den Text rhythmisch, sodass sich ein einfacher Rhythmus ergibt:

Du		dej		Du		dej	Du	dej	Du
CON	- RAD	kommt	an	ei	-	nen	Fluss,		
den	er	ü-		ber-	que-	ren	muss.		
CON	- RAD	nimmt	das	C		als	Steg		
und	geht	wei-		ter	sei-	nen	Weg.		

2 Diesen Rhythmus notieren wir in der vereinfachten Notation.

3 Nun nehmen die Kinder tabDo! zu Hand und entwickeln spielend die Melodie, am besten auf dem Hand-Bildschirm. Wichtig ist hier wieder, eine klare Vorgabe zu machen, mit welchen Tönen komponiert wird.

Beispiel 1: Mit dem „Fanfaren-Klang" (Dreiklang Do Mi So) könnte das Ergebnis z. B. so aussehen:

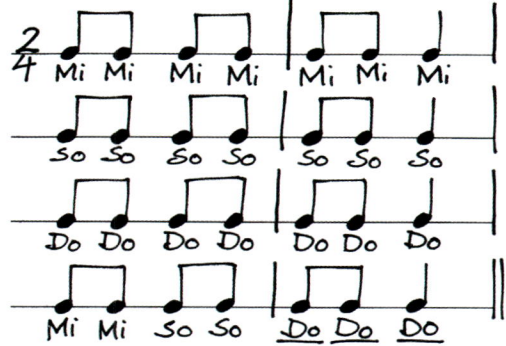

CONRADs Reise

Text: Hans Georg Lenzen
© Marcelle Lenzen

CONRAD kommt an einen Fluss,
den er überqueren muss.
CONRAD nimmt das C als Steg
und geht weiter seinen Weg.

ONRAD – denn so heißt er jetzt –
hat die Reise fortgesetzt.
Kommt der Wolf, das Ungetüm,
wirft er gleich das N nach ihm.

An den Felsen geht's nicht weiter,
ORAD nimmt das A als Leiter.
CONRAD heißt jetzt nur noch ORD –
doch er wandert weiter fort.

Schließlich kommt er an den See.
ORD steigt in das große D,
steuert mit dem R zurück,
bis nach Haus, das ganze Stück.

Vor der Tür steht CONRAD so
nur noch mit dem großen O.
Ruft der Vater aus dem Haus:
„CONRAD – O – wie siehst du aus!"

In der Notenschrift sähe die Komposition in C-Dur so aus:

Level 1

Beispiel 2: Mit den vier Tönen So Do Re Mi So könnte man auf diese schöne Vertonung kommen:

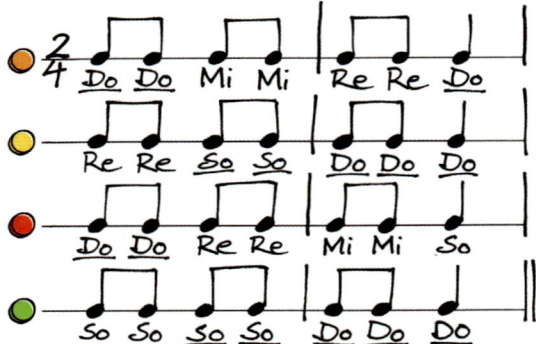

Übertragen auf die Notenschrift (in F-Dur):

CON - RAD kommt an ei - nen Fluss, den er ü - ber - que - ren muss.
CON - RAD nimmt das C als Steg und geht wei - ter sei - nen Weg.

Beispiel für Differenzierung: Die Kinder werden in Gruppen aufgeteilt. Gruppe 1 komponiert mit Do = C, Gruppe 2 mit Do = D, Gruppe mit Do = F und Gruppe 4 mit Do = G. Das geht auf dem Hand-Bildschirm ohne Probleme. Es können sich interessante Beobachtungen anschließen. Z. B., dass man die Melodie der einen Gruppe mit Do = G sehr gut singen kann, aber nicht, wenn man das Do auf C setzt, denn dann wird es viel zu tief.

> Neben der Kompositionsaufgabe zu „CONRAD" bieten weitere Hör-Etüden (→ S. 117) die Möglichkeit, zu prüfen, inwiefern die Kinder bereits eine innere Tonvorstellung entwickelt haben.

Liste weiterer geeigneter Lieder
(enthalten u. a. in den Liederbüchern SIM SALA SING 2019 ff. und SING & SWING 2014 ff.)

- **Die Pepperbillies**
  → z. B. SIM SALA SING
- **Don't Worry, be Happy,** Strophe
  → z. B. SING & SWING
- **Ich geh mit meiner Laterne**
  → z. B. SIM SALA SING
- **Komm, mein Pferdchen**
  → z. B. SIM SALA SING
- **The Bogeyman**
  → z. B. SING & SWING

Erwartungshorizont Level 1

Das haben die Kinder gelernt:

- ✔ auf der App tabDo! Bildschirm, Level und evtl. Instrument einzustellen
- ✔ auf tabDo! zu spielen
- ✔ die Position der Töne in der eigenen Hand oder auf einer Tonleiter-Kopiervorlage auch ohne Bildschirm zu kennen und innerlich mitsingen zu können
- ✔ Rhythmussilben für Viertel und Achtel im Zweiermetrum zu kennen
- ✔ eine vereinfachte Notation zu erstellen
- ✔ Rhythmen in der vereinfachten Notation zu lesen und zu sprechen
- ✔ Melodien mit tabDo! nachzubauen
- ✔ einen Abzählreim zu vertonen
- ✔ Fanfaren-Melodien zu improvisieren
- ✔ die Liedanfänge geeigneter Lieder in die Solmisation zu „übersetzen"
- ✔ ein Gedicht mit dem neu erworbenen Wissen zu vertonen, wie z. B. den „CONRAD"

Ein Portfolio für jedes Kind zum Ausdrucken findet sich im Anhang → S. 134.

Level 2 Klingende Töne auf Level 2: Do Re Mi Fa So La Ti

> Schwerpunkt dieses Levels ist die Improvisation mit den Tönen der Pentatonik. Improvisierend entwickeln die Kinder ein Gefühl für Form, Melodik und Rhythmik. Grundsätzlich können aber auch alle auf Level 1 vorgestellten Aufgabenformate wie: eine Melodie nachbauen, umbauen, neu bauen usw. ausgeführt werden. Die Reihenfolge der Bausteine ist frei wählbar.

tabDo! macht es möglich, dass alle Kinder gleichzeitig die Welt der Töne improvisierend erkunden können. Nicht nur, weil es viele verschiedene Möglichkeiten gibt, mit tabDo! als „Instrument" zu spielen, sondern auch, weil die Kinder, wenn sie mit Kopfhörern spielen, „geschützt" sind – niemand hört die ersten tastenden Improvisationen oder kommentiert sie gar negativ.

Meist wird mit der Improvisation in der Pentatonik begonnen. In der vollständigen diatonischen Tonleiter Do Re Mi Fa So La Ti Do sind Mi-Fa und Ti-Do **Halbtonschritte** (→ Glossar). Die „kritischen Töne" dabei sind Fa und Ti. Mit diesen Tönen zu improvisieren ist schwierig, da sie nicht an jeder Stelle des Musikstücks „gut klingen". Die Töne der Pentatonik hingegen klingen immer stimmig.

Man spricht von **Dur-Pentatonik** (→ Glossar) und von **Moll-Pentatonik** (→ Glossar) mit folgenden Tönen:

Dur-Pentatonik		Do	Re	Mi	So	La
Moll-Pentatonik	La	Do	Re	Mi	So	

Auf tabDo! improvisiert man idealerweise auf Level 2, denn dort sind auch nur die pentatonischen Töne spielbar. Es kann also kein „falscher" Ton gespielt werden.

Hinweise:
- Generell kann über jede Melodie auf jedem Level pentatonisch improvisiert werden. Jedoch sollte freies Spiel nicht mit „Herumklimpern" verwechselt werden. Improvisation benötigt höchste musikalische Aufmerksamkeit!
- Improvisieren heißt: **Nicht notieren! Das ist ein Grundsatz.** Die im Folgenden notierten Beispiele sind keine Spielvorlagen, sondern die Kinder gestalten eigene Beispiele.

Einstieg: Freies Spielen mit den Tönen der Pentatonik   Empfohlene Do-Position: beliebig

---

Vorbemerkung

Zunächst sollen die Kinder mit den Tönen der Pentatonik auf der tabDo!-App frei spielen. Am besten verwenden sie dabei Kopfhörer, denn bei den ersten Versuchen müssen andere nicht unbedingt zuhören oder gar die Ergebnisse negativ kommentieren.
Bei diesem freien Spiel erkunden die Kinder zunächst den Tonraum und versuchen, aus der pentatonischen Tonleiter gut klingende Tonfolgen zu formen. Sie müssen sich also selber gut zuhören, denn was eine gut klingende Tonfolge ist, entscheidet das Ohr. Ins Tongedächtnis gelangen die Töne am besten, wenn die Kinder eine gelungene Tonfolge mehrmals wiederholen und dabei mitsummen oder leise mitsingen.

Erarbeitung

❶ Die Kinder stellen auf tabDo! Level 2 ein und probieren aus den vorhandenen Tönen schlüssige und gut klingende Tonfolgen zu gestalten. Damit sie nicht „endlos" lange Passagen spielen und Schwierigkeiten haben, zu einem befriedigenden (musikalischen) Schluss zu kommen, geben wir Hinweise wie: „Spiele etwa so lange, wie der Atem reicht." „Spiele Tonfolgen, die etwa so lang sind wie die Abschnitte in den Liedern." Zur Veranschaulichung können wir dazu z. B. die vereinfachte Notation eines Lieds mit zwei- oder viertaktigen Abschnitten zeigen (z. B. von „Old Mac Donald's Orchester" in Baustein 3).

❷ Nach einer festgelegten Zeit wie z. B. zehn Minuten dürfen einzelne Kinder vor der Klasse improvisieren. Die anderen Kinder erzählen, was sie gehört haben. Manche bemerken z. B., ob die Improvisation eine verständliche Struktur aufweist, ob die Improvisation zu lang war usw. Damit üben wir das genaue Zuhören und das **Sprechen über Musik** (→ Glossar).

Baustein 1

Teil A: Melodien im Zweiermetrum nachbauen, begleiten, improvisieren

Baustein 1: Improvisieren über einem Frage-Antwort-Gerüst

Empfohlene Do-Position: beliebig

Vorbemerkung

Um den Improvisationen etwas mehr Struktur zu geben, eignet sich die Verwendung eines Frage-Antwort-Gerüsts, mit dem gleichzeitig das Grundton-Gefühl gestärkt wird.
Über einen Adapter arbeiten zwei Kinder mit Kopfhörern an <u>einem</u> Tablet: Kind 1 improvisiert ein „melodische Frage", Kind 2 improvisiert eine „melodische Antwort".

Kind 1 → La ← Kind 2

Erarbeitung

❶ Wir geben ein Gerüst vor, das den Kindern beim Improvisieren hilft:

- Zunächst schreiben wir ein Rhythmusgerüst an die Tafel, das eine Struktur wie z. B. eine Frage (Takt 1 und 2) und eine Antwort (Takt 3 und 4) enthält:

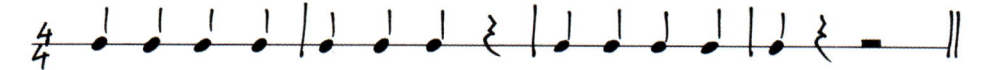

- Dieses Grundgerüst lässt sich weiter gestalten, indem wir die Sprachmelodie von Frage und Antwort mit integrieren. Dazu fragen wir: „Woran erkennen wir beim Sprechen, dass der Satz eine Frage bzw. eine Antwort ist?" Hier kommen die Kinder sicher schnell darauf: Die Stimme geht hoch bei einer Frage, sie geht runter bei der Antwort. Das bedeutet für unsere Melodie: Die Melodie soll ansteigen (wie bei einer Frage) und dann wieder fallen (Antwort):

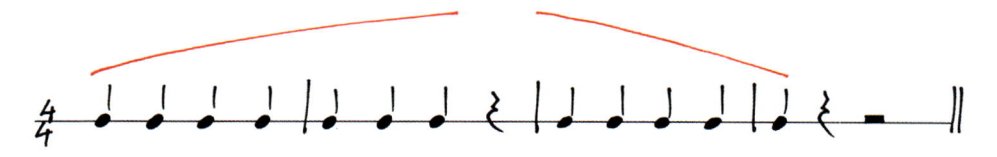

- Wir können auch noch weitere Vorgaben machen: „Beginne mit <u>Do</u> und ende auf <u>Do</u>." Oder aber „Wie klingt es mit <u>La</u> als erstem und letztem Ton?"

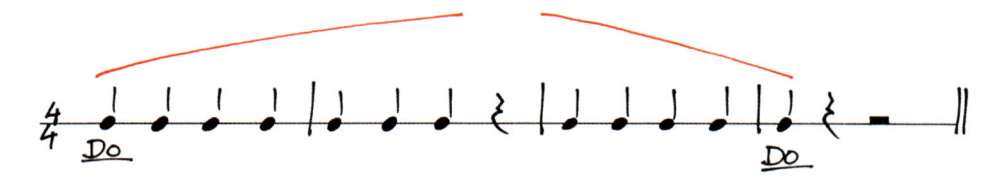

❷ Auf diesem Gerüst versuchen die Kinder nun Improvisationen, entweder allein oder zu zweit: Ein Kind improvisiert eine Frage, das Nachbarkind erfindet eine Antwort.

Level 2

Baustein 2: Zu einem Lied improvisieren und ein Bass-Ostinato ergänzen

Empfohlene Do-Position: Do auf **C**

Vorbemerkung

Eine spannende Ergänzung zum Nachbau einer Melodie ist das **Bass-Ostinato** (→ Glossar). Es zwingt die Kinder, gleichzeitig mit dem eigenen Melodiespiel auf eine zweite Stimme zu achten. Zwei Kinder spielen zusammen, jedoch jedes an einem Tablet, damit unterschiedliche Instrumente eingestellt werden können. Das „Hut-Rondo" (auch in SIM SALA SING) ist schnell erlernt und nachgebaut, sodass es auch für kleine Improvisationen und Kreisspiele genutzt werden kann.

Erarbeitung

Das kleine Hut-Rondo

Text, Musik u. Gestaltung: Walter Kern
© Helbling

Ref.: Klei-ner Hut, steht dir gut, spiel ei-ne Me-lo-die, hab nur Mut! hab nur Mut!

1. **La la la ...** (alle singen leise oder summen zur Improvisation des Kindes mit dem Hut)
2. **Du du du ...** (alle singen leise oder summen zur Improvisation des Kindes mit dem Hut)

❶ Wir singen das kurze Stück zunächst mehrfach.

❷ Anschließend bauen die Kinder die Melodie nach (Anfangston Mi = E) und notieren sie in vereinfachter Notation, wie es auf Level 1 gelernt wurde.

Mi So La Mi So La
So La So Mi Re Do Re Re So
bei Wdh.: Do

❸ **Beispiel Bass-Ostinato:** Als Bass-Ostinato werden die Töne Do und So im Wechsel und im Rhythmus des ersten Taktes gespielt:

Do So Do

❹ Die Kinder spielen nun zu zweit: Ein Kind stellt den Tonleiter-Bildschirm und als Instrument „Bass" ein. Dann spielt es das Bass-Ostinato, das andere Kind spielt die Melodie.

❺ **Improvisation:** Die Kinder singen zunächst den Refrain. Zu den Strophen darf ein Kind mit den Tönen der Pentatonik auf tabDo! improvisieren. Dann singen alle wieder den Refrain. Zur nächsten Strophe improvisiert ein anderes Kind usw.

❻ **Spielidee mit Improvisation:** Ein Kind setzt einen Hut auf und geht um ein Xylofon, das in der Kreismitte steht. Dazu singen die anderen den Refrain. Zur Strophe improvisiert das Kind dieses Mal nicht auf tabDo!, sondern auf dem Xylofon. Nach dem Solo gibt das Kind den Hut weiter, und das Spiel beginnt von vorne.

Baustein 3

| **Baustein 3:** Eine Melodie nachbauen – die Lücken-Melodie | Empfohlene Do-Position: Do auf **G** |

Vorbemerkung

Die nordamerikanische Folklore kennt viele pentatonische Melodien, hier als Beispiel das englische Lied „Old Mac Donald Had a Farm" (auch in SIM SALA SING) mit einem deutschen Text. Zur Erarbeitung wird hier eine leichtere Variante der Methode „Eine Melodie nachbauen" vorgestellt: die **Lücken-Melodie** (→ Glossar). Einige Töne der Melodie sind schon vorgegeben, die fehlenden sollen die Kinder einfügen.

Erarbeitung

Old Mac Donald's Orchester

Musik: überliefert
Dt. Text: Walter Kern
© (dt. Text) Helbling

1. Wer spielt mit in uns-rer Band? I - A - I - A - O.

Der Tromm-ler schlägt sein Ins-tru-ment, I - A - I - A - O.

❶ Zunächst wird das Lied gründlich erarbeitet, sodass die Kinder es bald gut (auswendig) singen können.

❷ Um die Form des Lieds zu veranschaulichen, erstellen wir ein Tafelbild mithilfe der vereinfachten Notation. Dabei wird uns bewusst:

- Die Töne liegen ausschließlich auf den Grundschlägen, dem Makrobeat.
- Aus den zwei Zeilen der Liednotation werden der Form entsprechend vier Zeilen (wobei Zeile 3 auftaktig beginnt).
- Wir hören die Form A B A B, denn Zeile 3 und 4 wiederholen die Zeile 1 und 2. Aber nicht zu hundert Prozent, weil der zweite A-Teil einen Auftakt hat. Warum? Der Text beginnt an dieser Stelle mit einem Artikel, der im Deutschen unbetont vor dem folgenden Substantiv steht („Der Trommler schlägt ...").

❸ Im nächsten Schritt sollen die Kinder die Töne der Melodie nachbauen (Anfangston Do = G). Im Unterschied zum vorigen Baustein geben wir hier aber einzelne Töne vor. Die Kinder müssen nun nur die Töne zwischen diesen „Stützpunkten" finden. Das macht die Aufgabe deutlich leichter.

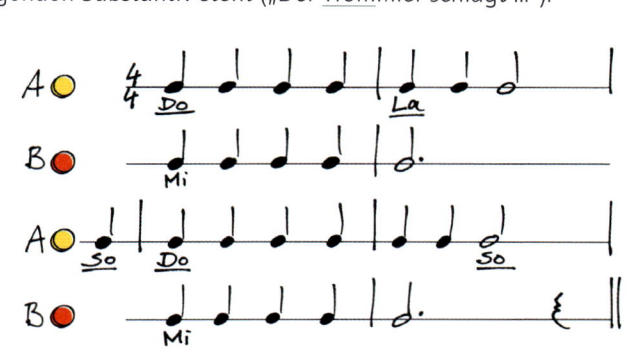

Level 2

④ Wenn die Tonfolge erarbeitet ist, können die Kinder die Melodie mit Solmisationssilben singen. Zur Verinnerlichung der Tonpositionen tippen die Kinder dabei in die eigene Hand oder, wenn sie die Töne auf dem Tonleiter-Bildschirm nachgebaut haben, auf die Tonleiter-Kopiervorlage (→ Anhang, S. 138).

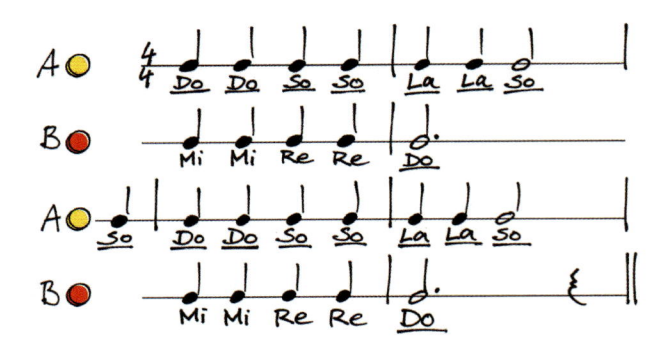

Baustein 4:
Ein Vor- und Nachspiel improvisieren

Empfohlene Do-Position:
Do auf **G**

Erarbeitung

❶ Wir improvisieren nun zu „Old Mac Donald's Orchester" zunächst ein kurzes Vorspiel und verwenden dafür den Rhythmus der Takte 1–4. Die einzige Anweisung lautet: „Nutze alle Töne, aber komme zurück auf das Do, denn enden wollen wir auf dem Grundton, mit dem die Liedmelodie danach startet."

Hinweis: Den meisten Kindern wird es eine Hilfe sein, wenn sie den Text beim Improvisieren mitdenken oder stumm mitsprechen.

Drei mögliche Beispiele:

1. Do Re Mi So La So Mi | La So Mi Re Do
2. So La So Mi So La So | So Re Mi Re Do
3. Do So Do Re Mi So La | So So La So Do

- **Beispiel 1:** Das Kind spielt einfach die pentatonische Tonleiter einmal rauf und wieder runter.
- **Beispiel 2:** Hier hält sich das Kind im vorderen Teil „oben auf" und geht im zweiten Teil zum Do.
- **Beispiel 3:** Das Kind nutzt auch den Bereich unter dem Do und schafft so einen „großen Bogen".

❷ Mit dieser Methode gestalten wir auch ein Nachspiel und schon haben wir einen musikalischen Rahmen für das Lied „Old Mac Donald's Orchester". Jetzt können wir folgenden Ablauf ausprobieren:
Vorspiel – Melodie (mit Gesang) – Nachspiel.

Baustein 5:
Um den Grundton herum spielen

Empfohlene La-Position:
La auf **D** (Do auf **F**)

Vorbemerkung

Der erste, unterste Ton einer Tonleiter ist der Grundton. Jedoch muss der Grundton keineswegs der tiefste Ton einer Melodie sein, genauso gut kann sich die Melodie um den Grundton herum bewegen.

Das hier abgebildete Lied „Trommelklang" (auch in SIM SALA SING) steht in d-Moll. Der Grundton ist also das La (La = D).

Baustein 5

Erarbeitung

Trommelklang

Text u. Musik: Lorenz Maierhofer
© Helbling

Trom-mel-klang, Trom-mel-klang, Trom-meln hört man klin-gen,

Trom-meln hört man schwin-gen: Fröh-lich und im-mer zu,

ausrufend, Hände an den Mund — *Schenkelschläge* — *klatschen*

kla-gend und oh-ne Ruh! He! E-la-ja! Dum ba dum! Uh!

❶ Wir erlernen das Lied und singen es mehrfach, um die Melodie und den Rhythmus gut im Kopf zu verankern (auf tabDo! können wir es aufgrund seines Tonvorrats auf Level 2 nicht spielen).

❷ Nun improvisieren wir viertaktige Vorspiele, Zwischenspiele oder Nachspiele. Als Rhythmus wählen wir einen einfacheren als den Liedrhythmus (→ Beispiel unten). Eine weitere Vorgabe ist: „Improvisiere den ersten Teil (zwei Takte) aufwärts und wieder zurück, den zweiten Teil (zwei Takte) um den Grundton La herum."

Beispiel:

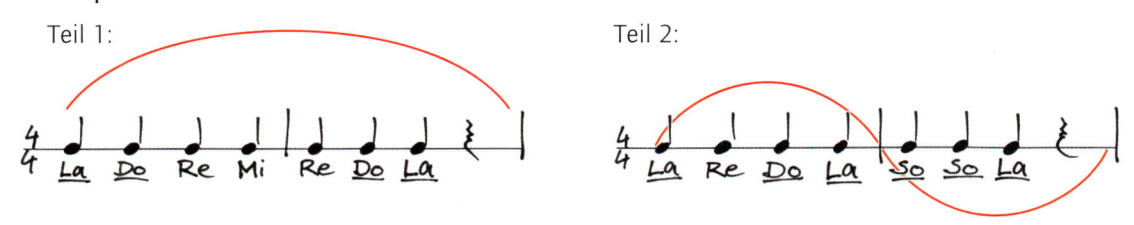

Teil 1: La Do Re Mi Re Do La

Teil 2: La Re Do La So So La

Aufführungsidee: Eine Karawane zieht vorüber. Im Hintergrund erklingt zunächst ein tiefer Bassklangstab, der ständig die ersten beiden Takte wiederholt (Ton D). Dann kommen die Kinder als Karawane auf die Bühne und singen dabei das Lied „Trommelklang". In der Mitte der Bühne macht die Karawane eine kurze Pause und ein Kind tritt an ein dort stehendes Xylofon und improvisiert ein oder zwei Lieddurchläufe. Dann beginnt das Lied erneut und die Karawane zieht wieder ab. Zurück bleibt nur das tiefe D auf dem Bass, das immer leiser wird und irgendwann verstummt.

Hinweis: Vielleicht gibt es jemanden in der Klasse, der die Improvisation auf seinem Instrument z. B. einer Klarinette spielen kann? Bei Klarinetten und anderen Blasinstrumenten ist zu beachten, dass es sich um **transponierende Instrumente** (→ Glossar). handelt. Wie damit umzugehen ist, ist auf Level 7, Baustein 3 nachlesen.

Level 2

Teil B: Melodien im Dreiermetrum nachbauen, begleiten, improvisieren

Baustein 6: Ein Lied im Dreiermetrum nachbauen und begleiten

Empfohlene Do-Position: Do auf **F**

Vorbemerkung

Unter dem Aspekt von Metrum und Rhythmus lassen sich die meisten Lieder in zwei Gruppen aufteilen: Lieder mit einem zugrunde liegenden Zweiermetrum und solche mit einem Dreiermetrum (→ Rhythmussprache, S. 15). Bisher haben wir beim Zweiermetrum zwischen zwei Makrobeats *Du* <u>einen</u> Mikrobeat *dej* gelegt. Beim Dreiermetrum sind es <u>zwei</u> Mikrobeats und für die verwenden wir die Silben *da* und *di*:

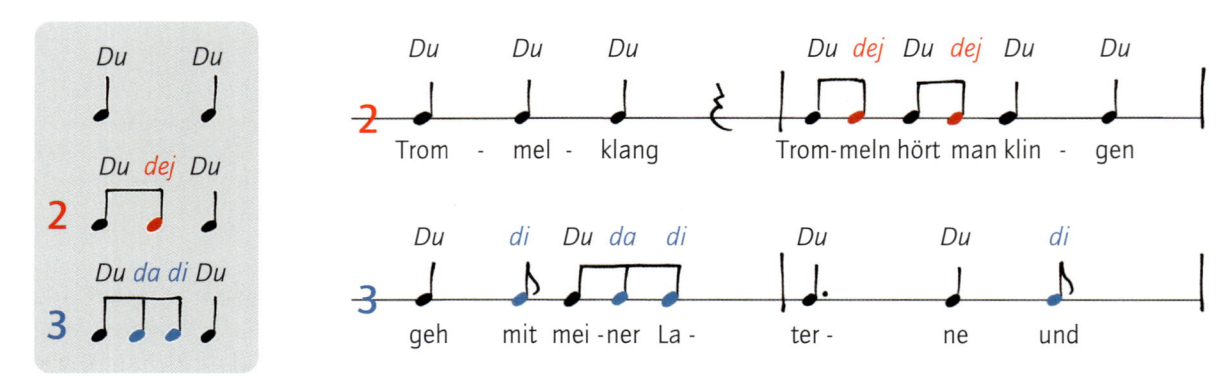

In der Notenschrift ist die Unterteilung (in den allermeisten Fällen) schon in der Taktangabe zu erkennen:

- 2/4 oder 4/4 – eine 2 oder 4 im Zähler
- 3/8, 6/8 oder auch 3/4 – eine 3 oder 6 im Zähler

„Ich geh mit meiner Laterne" (auch in SIM SALA SING) gehört, was den Tonvorrat der Melodie betrifft, auf Level 1. Hier auf Level 2 kann man über das Lied improvisieren. Das Interessante hier ist das Dreiermetrum.

Erarbeitung

Ich geh mit meiner Laterne

Text u. Musik: überliefert

Ref.: Ich geh mit mei-ner La-ter-ne und mei-ne La-ter-ne mit mir.
Da o-ben leuch-ten die Ster-ne und un-ten leuch-ten wir.

(4)
1. Mein Licht ist schön, könnt ihr es sehn, ra bim-mel, ra bam-mel, ra bum.

Baustein 6

❶ Wir erarbeiten uns das Lied in gewohnter Form (Liederarbeitung → S. 13), bauen die Melodie langsam nach und notieren sie dann in vereinfachter Notation (die Punktierung lassen wir der Einfachheit halber weg):

Hinweis: Die Rhythmussilben über den Noten werden nur gesprochen, nicht notiert.

Hinweis: Bestimmt fällt den Kindern auf, dass die Noten nun ein bisschen anders aussehen (Dreier- statt Zweiergruppierungen bei den Achteln). Aber das muss an dieser Stelle nicht weiter thematisiert werden. Es geht hier nicht um die Schrift, sondern darum, dass die Kinder ein Gefühl dafür entwickeln, wie sich Zweier- und Dreiermetrum unterscheiden.

❷ Damit wir uns den Rhythmus bewusst machen, sprechen wir das Lied mit Rhythmussilben.

❸ Dann singen wir das Lied wieder mit normalem Liedtext und dazu markieren wir das *Du* mit dem Finger schnipsend, durch eine Abwärtsbewegung der Arme (wie der Dirigent, der die 1 nach unten schlägt) oder durch Gehen auf der Stelle.

❹ **Bassstimme:** Um eine Bassbegleitung zu spielen, stellen die Kinder auf dem Tonleiter-Bildschirm das Instrument „Bass" ein. Jetzt kann ein Teil der Kinder das Lied singen, der andere Teil begleitet mit den Tönen der Akkordsymbole: F und C (Do und So).

Level 2

Baustein 7: Ein Vor- und Nachspiel improvisieren

Empfohlene Do-Position: Do auf **F**

Erarbeitung

Wir können nun wie in Baustein 4 ein kurzes Vorspiel über dem Gerüst der ersten vier Takte von „Ich geh mit meiner Laterne" improvisieren. Wir spielen also im Liedrhythmus und denken dabei den Text im Kopf mit oder sprechen ihn lautlos vor uns hin. Damit die Tonfolge einen Abschluss hat, enden wir am besten auf dem Do.

Beispiel Vorspiel:

Dieses Kind hat den Grundton Do in die Mitte genommen, so wie wir es in Baustein 5 vorgestellt haben:

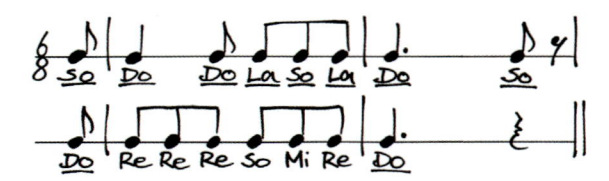

(Notenbeispiel: So Do Do La So La Do So | Do Re Re Re So Mi Re Do)

Beispiel Nachspiel:

Genauso können wir mit den letzten vier Takten ein Nachspiel improvisierend gestalten. Dieses Kind benutzt den Grundton Do als tiefsten Ton.

(Notenbeispiel: Mi La So Mi Mi La So Mi | Mi La So Mi So Mi Re Do)

Baustein 8: Fragen und Antworten improvisieren im Dreiermetrum

Empfohlene Do-Position: Do auf **C** oder **D**

Vorbemerkung

Wie in Baustein 2 improvisieren die Kinder wieder mit Fragen und Antworten, dieses Mal aber mit dem Dreiermetrum. Auch hier können wieder mithilfe eines Adapters zwei Kinder mit Kopfhörern an einem Tablet arbeiten.

Erarbeitung

❶ Für das musikalische Frage-Antwort-Spiel stellen wir wieder Spielregeln auf, z. B.:

- Die Frage kann mit Do beginnen und bewegt sich dann oberhalb des Do nach oben.
- Die Frage muss nicht mit Do beginnen, aber sie darf auf keinen Fall auf Do enden.
- Die Antwort kann sich unterhalb und oberhalb des Do frei bewegen, muss aber auf jeden Fall auf dem Do enden.

Hinweis: Wenn ein Kind fragt: „Warum darf denn die Frage nicht auch auf Do enden?", dann gibt wie immer das Gehör die Antwort: Wenn eine Passage auf Do endet, klingt es wie ein Schluss, wie eine Antwort.

Baustein 8

❷ Nun geben wir einen Rhythmus im schwingenden Dreiermetrum vor (siehe Beispiel rechts). Die Kinder erhalten den Auftrag, jeweils zu zweit auf diesem Rhythmus eine Frage und eine Antwort zu improvisieren.

Die Ergebnisse können dann z. B. so aussehen:

Beispiel 1:
Kind 1 (Frage) benutzt das hohe Do, es endet auch auf dem hohen Do, was nicht gegen die Regel ist. Aber auch das hohe Do klingt eher nach einem Schluss als nach einer Frage. Die Tonfolge von Kind 2 (Antwort) endet auf dem Re, das klingt gar nicht nach einem Schluss.

Beispiel 2:
Ganz deutlich klingt die Tonfolge von Kind 2 ebenfalls wie eine Frage, denn sie endet ebenfalls auf Re wie im Beispiel 1.

Beispiel 3:
Hier hört man bei Kind 2 deutlich eine Antwort auf die von Kind 1 gestellte Frage. Diese Improvisation ist gelungen.

Beispiel 4:
Bemerkenswert, wie das Kind 2 auf die Frage von Kind 1 reagiert: Es beginnt ebenfalls mit einer dreifachen Tonwiederholung. Hier zeigt sich, wie wichtig genaues Zuhören ist, wenn gute Improvisationen im Duett entstehen sollen.

❸ Damit die Kinder sich des Unterschieds zwischen Dreier- und Zweiermetrum noch bewusster werden, stellen wir die gleiche Aufgabe noch einmal, aber nun im Zweiermetrum (Rhythmusbeispiel rechts).

Variante/Komplexere Aufgabe:
Wer die Komplexität der Frage-Antwort-Aufgabe steigern will, kann immer zwischen Zweier- und Dreiermetrum abwechseln (natürlich nicht innerhalb des Frage- und Antwort-Spiels). Ebenso sollte unbedingt nicht immer nur in Dur (Grundton Do), sondern auch in Moll (Grundton La) improvisiert werden.

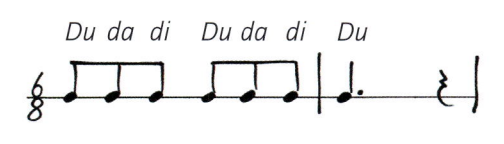

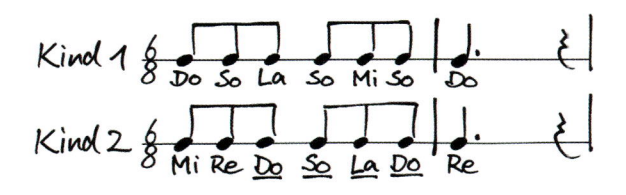

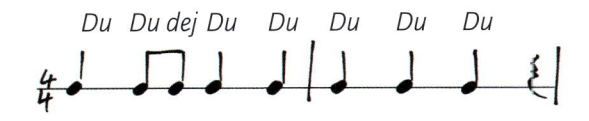

Level 2

Baustein 9: Zweier- und Dreiermetrum in Liedanfängen singend unterscheiden

Für diesen Baustein wird kein tabDo! benötigt.

Vorbemerkung

Ziel dieses Bausteins ist es, dass die Kinder sich des Metrums eines Lieds bereits vor dem Singen bewusst werden und nicht einfach drauflos zu singen. Im Gegenteil sollen sie sich sammeln (wie z. B. ein Hochspringer, bevor er losrennt und springt), sich innerlich in das Metrum einschwingen, und erst dann lossingen.

Erarbeitung

❶ Schreiben Sie einige der Textanfänge z. B. von untenstehenden Liedern an die Tafel.

❷ Zeigen Sie auf einen Textanfang und warten Sie ein wenig, damit die Kinder sich innerlich den Liedanfang vorstellen können. Wichtig ist: Die Kinder sollten die Lieder gut kennen!

❸ Dann geben Sie das Zeichen zum Singen, indem Sie deutlich erkennbar „im Metrum" einatmen. Natürlich können Sie dazu auch eine Dirigierbewegung machen. Die Kinder singen jetzt den Liedanfang und Sie werden gleich hören, ob sie eine klare Vorstellung vom Metrum haben oder nicht.

Hinweis: Singen Sie anfangs mit. Gerade bei Liedern mit Auftakt ist eine Unterstützung zunächst notwendig.

❹ Nach einiger Übungszeit (das können Wochen oder Monate sein) sollten die Kinder auch dann richtig singen, wenn Sie nur noch „stumm wie ein Dirigent" den Einsatz geben.

Beispiele für Lieder im Zweiermetrum	Beispiele für Lieder im Dreiermetrum
Au clair de la lune	Leise rieselt der Schnee
Im Frühtau zu Berge	Winter ade
Taler, Taler, du musst wandern	Es tönen die Lieder
Wer will fleißige Handwerker sehn	Die Gedanken sind frei
Zeigt her eure Füßchen	Kein schöner Land
Schlaf, Kindchen, schlaf	Im Märzen der Bauer
	Es klappert die Mühle
	Wenn ich ein Vöglein wär

Baustein 10: Werke im Dreiermetrum hören

Für diesen Baustein wird kein tabDo! benötigt.

Vorbemerkung

In den folgenden acht Beispielen aus der Klassik ist das charakteristische Dreiermetrum besonders deutlich und über längere Passagen hinweg zu hören. Die Kinder sollen dieses Mal das Metrum hörend wiedererkennen. Wiedererkennen bedeutet: Sie hören mit Verständnis – und das löst (Hör-)Freude aus. Außerdem bietet sich hier wieder die Gelegenheit zum **Sprechen über Musik** (→ Glossar).

Natürlich wird man nicht alle acht Beispiele auf einmal vorspielen, sondern über einen längeren Zeitabschnitt verteilt immer wieder solche Hörübungen in den Unterricht einflechten.

Baustein 10

Erarbeitung

1 Wählen Sie eines der Beispiele aus untenstehender Liste aus und spielen Sie es den Kindern vor.

2 Die Kinder können sich entweder dazu bewegen, dazu malen oder nur still zuhören.

3 Sprechen Sie anschließend mit den Kindern darüber, was sie gehört haben und welcher Eindruck durch das Dreiermetrum entsteht. Antwort kann z. B. sein, dass durch das Dreiermetrum ein schwingender Charakter erzeugt wird, das Stück wie ein Tanz klingt oder das Wiegen von Wellen verdeutlicht werden soll usw.

Hörbeispiele

Ludwig v. Beethoven	Sinfonie Nr. 5, 3. Satz
Ludwig v. Beethoven	Sinfonie Nr. 6, 5. Satz
Ludwig v. Beethoven	Violinkonzert op. 64, 3. Satz
Edvard Grieg	Der „Morgen" aus der „Peer Gynt Suite"
Jaques Offenbach	Die „Barcarole" aus „Hoffmanns Erzählungen"
Bedřich Smetana	Das Moldau-Thema
Johann Strauss (Sohn)	Kaiserwalzer op. 437
Johann Strauss (Sohn)	Rosen aus dem Süden op. 388

Level 2

Teil C: Über ein ganzes Lied improvisieren (für höhere Klassen)

Baustein 11: Den Liedrhythmus als Stütze verwenden

Empfohlene Do-Position: Do auf **F** oder **D**

Vorbemerkung

In diesem Baustein wird nun über eine komplette Liedmelodie improvisiert. Wie beim improvisierten Vorspiel zu „Old Mac Donald's Orchester"(→ Baustein 4) hilft es immer, im Hintergrund den Rhythmus der Melodie zu empfinden und mitzudenken. Die Kinder versuchen eine vollständige Liedimprovisation an einem nicht-pentatonischen Lied, das Sie z. B. im Liederbuch SIM SALA SING finden.

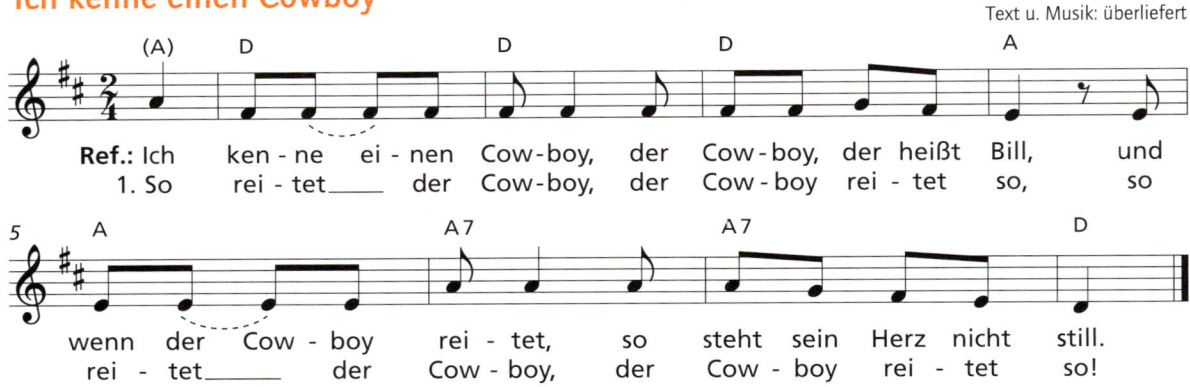

Erarbeitung

Ich kenne einen Cowboy

Text u. Musik: überliefert

Ref.: Ich ken - ne ei - nen Cow-boy, der Cow-boy, der heißt Bill, und
1. So rei - tet___ der Cow-boy, der Cow-boy rei - tet so, so

wenn der Cow - boy rei - tet, so steht sein Herz nicht still.
rei - tet___ der Cow - boy, der Cow - boy rei - tet so!

Erarbeitung

❶ Zuerst wird die pentatonische Tonleiter auf- und abgespielt, damit wir sie ins Ohr bekommen, also: Do Re Mi So La So Mi Re Do.

❷ Anschließend denken oder sprechen die Kinder leise den Text des Lieds „Ich kenne einen Cowboy" und spielen dazu im gleichen Rhythmus die pentatonische Tonleiter. Das klingt überraschend gut.

❸ Damit sich ein Schlussgefühl einstellt, müssen wir am Ende auf Do enden. Dazu können die Kinder ausprobieren, wie sie die Töne korrigieren wollen. Im Beispiel sieht man eine Lösungsmöglichkeit. Hier wurde das Re vor dem Do wiederholt.

Do Re Mi So La So Mi Re Do Re Mi So La
So Mi Re Do Re Mi So La So Mi Re Re Do

Baustein 12

| **Baustein 12:** Über einem Blues-Schema improvisieren | | Empfohlene La-Position: La auf **A** |

Vorbemerkung

Die Blues-Melodik hat Mollcharakter, obwohl die Harmonien Dur-Septakkorde sind. Diese Überlagerung von Dur und Moll macht das besondere Aroma des Blues aus.

Als Beispiel dient das „Blües-chen". Die Harmonien sind Durakkorde: A7, D7 und E7. Und die Melodie hat etwas a-Moll-artiges. Deshalb lässt sich mit der Moll-Pentatonik (Grundton La = A) sehr authentisch klingend improvisieren.

Erarbeitung

Blües-chen

Musik: Herbert Schiffels
© Helbing

❶ Spielen Sie gemeinsam mit den Kindern die Melodie dieses Blues. Auf tabDo! stellt man dazu La = A ein. Wichtig ist: Die Achtel werden swingend gespielt (→ Level 5, Baustein 8). Die vereinfachte Notation können Sie als Hilfe an die Tafel schreiben:

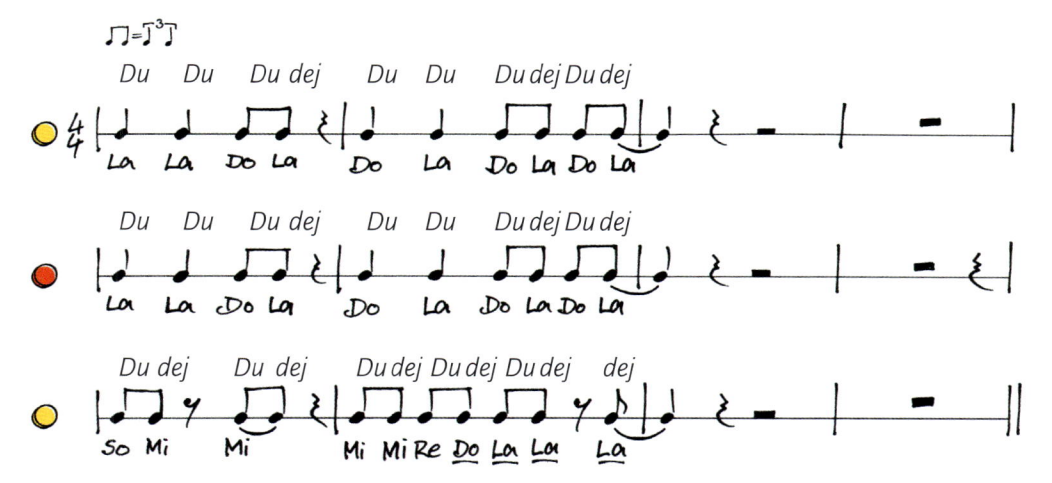

❷ Spielen Sie dann die Begleitakkorde (mit der jeweiligen Sept) auf dem Klavier dazu.

❸ Nun können die Kinder mit La als Grundton über den Begleitakkorden des Klaviers improvisieren.

Level 2

❹ Weiter könnten Sie z. B. aus dem „Blües-chen" ein kleines Klassenmusizierstück arrangieren. Dazu verzichtet man auf die Septakkorde, verteilt nur die Dreiklangstöne der Begleitakkorde auf Boomwhackers, Soundbellows oder Bassklangstäbe und bildet mit der Klasse „Akkordgruppen": Eine Gruppe bekommt die Töne des A-Dur-Akkords (A, Cis, E), die nächste die des D-Dur-Akkord (D, Fis, A) und die letzte die des E-Dur-Akkords (E, Gis, H).
Vorschlag für ein Arrangement:
- Alle spielen als Thema die notierte Melodie.
- Dann improvisieren einzelne Kinder solistisch einen Refrain, also über zwölf Takte (teilen Sie die Takte am besten auf, sodass jedes improvisierende Kind vier Takte spielt und dann das nächste an der Reihe ist).
- Zuletzt spielen alle nochmal das Thema.

Selbsttest: Kleine Liedermacher – „CONRADs Reise" auf Level 2

Empfohlene Do-Position: beliebig

Hier können die Kinder wieder selbst überprüfen, ob sie mit der Pentatonik spielen können.
Dazu vertonen sie nun „CONRADs Reise" pentatonisch.

Erarbeitung

❶ Wir behalten den auf Level 1 gefundenen Rhythmus bei, dann müssen sich die Kinder nur um die Melodik kümmern:

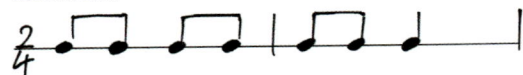

❷ Die Kinder nehmen tabDo! und erarbeiten mit den Tönen spielend eine Melodie. Dabei könnte diese ABAC-Form das Ergebnis sein:

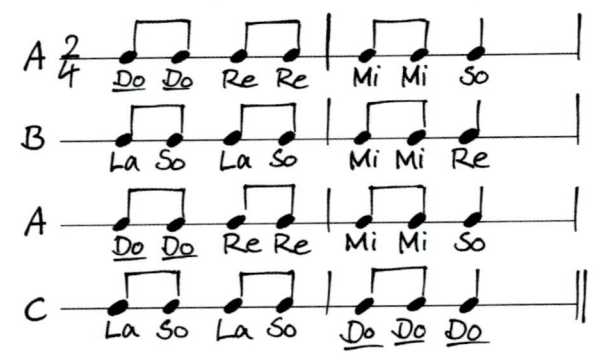

A: Do Do Re Re Mi Mi So
B: La So La So Mi Mi Re
A: Do Do Re Re Mi Mi So
C: La So La So Do Do Do

Traditionell und mit Begleitakkorden notiert sieht das Notenbild in D-Dur dann wie folgt aus:

CON-RAD kommt an ei-nen Fluss, den er ü-ber-que-ren muss.

CON-RAD nimmt das C als Steg und geht wei-ter sei-nen Weg.

Selbsttest

❸ Eine eigene Komposition wirkt immer gleich nach mehr, wenn sie von einfachen Akkorden (wie links unten notiert) begleitet wird. Sollten Sie weder Klavier noch Gitarre zur Hand haben, können auch einfache Klassenmusizierinstrumente verwendet werden: Nutzen Sie Boomwhackers, Soundbellows oder Klangstäbe, um so eine einfache aber mitunter wirkungsvolle Begleitung zu schaffen. Das hat zudem den Vorteil, dass alle Kinder mitmachen können.

> Neben der Kompositionsaufgabe zu „CONRAD" bieten weitere Hör-Etüden (→ S. 117) die Möglichkeit, zu prüfen, inwiefern die Kinder bereits eine innere Tonvorstellung entwickelt haben.

Liste weiterer geeigneter Lieder
(enthalten u. a. in den Liederbüchern SIM SALA SING 2019 ff. und SING & SWING 2014 ff.)

- Amazing Grace
  → z. B. SING & SWING
- Burden Down Lord
  → z. B. SING & SWING
- Das kleine Hut-Rondo
  → z. B. SIM SALA SING
- Der musikalische Wasserhahn
  → z. B. SIM SALA SING
- Ein Loch ist im Eimer
  → z. B. SING & SWING
- Einmal um die Welt
  → z. B. SING & SWING
- Every Morning / Every Day
  → z. B. SING & SWING
- Fivehundred Miles
  → z. B. SING & SWING
- Fremd
  → z. B. SING & SWING

- Hej ya
  → z. B. SIM SALA SING
- In the Summertime
  → z. B. SING & SWING
- Lass doch den Kopf nicht hängen
  → z. B. SIM SALA SING
  und SING & SWING
- Let Your River Flow
  → z. B. SING & SWING
- Mercedes Benz
  → z. B. SING & SWING
- Nehmt Abschied, Brüder
  → z. B. SING & SWING
- New Soul
  → z. B. SING & SWING
- Nobody Knows the Trouble
  → z. B. SING & SWING

- Old Mac Donald's Orchester
  → z. B. SIM SALA SING
- Sing, Sing, Sing
  → z. B. SING & SWING
- Somebody's Knocking
  → z. B. SING & SWING
- Stern über Bethlehem
  → z. B. SING & SWING
- Sunny
  → z. B. SING & SWING
- Swing Low, Sweet Chariot
  → z. B. SING & SWING
- Wenn der Elefant in die Disco geht
  → z. B. SIM SALA SING

Erwartungshorizont Level 2

Das haben die Kinder gelernt:

- ✔ weiterhin Melodien nachzubauen und zu begleiten
- ✔ in der Pentatonik zu improvisieren
- ✔ zu zweit zu improvisieren, ohne aus dem Metrum (Zweier- oder Dreier-) zu kommen, z. B. mit dem Frage-Antwort-Spiel
- ✔ wohlgeformte Vor- und Nachspiele sowie Zwischenspiele zu improvisieren
- ✔ Zweier- und Dreiermetrum zu unterscheiden
- ✔ über einer Liedmelodie im gleichen Rhythmus zu improvisieren
- ✔ ein Gedicht mit dem neu erworbenen Wissen zu vertonen, wie z. B. den „CONRAD"

Ein Portfolio für jedes Kind zum Ausdrucken findet sich im Anhang → S. 135.

Level 3   Klingende Töne: Do Re Mi Fa So La Ti

Auf Level 3 werden Aufgabenformate angewendet, mit denen sich Melodiegestalten und ihre Veränderungen erforschen lassen. Grundsätzlich können aber auch alle auf Level 1 vorgestellten Aufgabenformate wie: eine Melodie nachbauen, umbauen, neu bauen usw. ausgeführt werden. Die Reihenfolge der Bausteine ist frei wählbar.

Beim Positionieren der Töne in die Hand ist den Kindern auf Level 2 (Pentatonik) sicher die Lücke zwischen Mi und So aufgefallen. Auf Level 3 wird diese Lücke geschlossen: Der Ton Fa kommt hinzu. So gelangen die Kinder, wie beim Erlernen des Alphabets, in vielen kleinen Schritten über fünf Levels zur 7-tönigen Tonleiter.

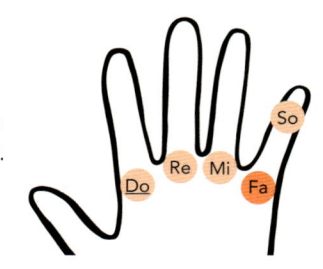

Einstieg: Den Ton Fa entdecken | Für diesen Baustein wird kein tabDo! benötigt.

Erarbeitung

Um den Ton Fa zu entdecken, machen wir zu Beginn Flaschen oder Gläser zu „Tonträgern".

❶ Wir erzählen eine Geschichte: Töne können an Orten „wohnen", an die man erst einmal gar nicht denkt, z. B. in Flaschen oder Gläsern. Wenn man z. B. eine Flasche mit Wasser füllt und dann mit einem Bleistift oder einem Schlägel anschlägt, hört man einen Ton. Wie hoch oder tief die Töne klingen, hängt von der eingefüllten Wassermenge ab: Je mehr Wasser in der Flasche, desto tiefer der Ton. Das demonstrieren wir an mehr oder weniger gefüllten Flaschen, die die Kinder anschlagen dürfen.

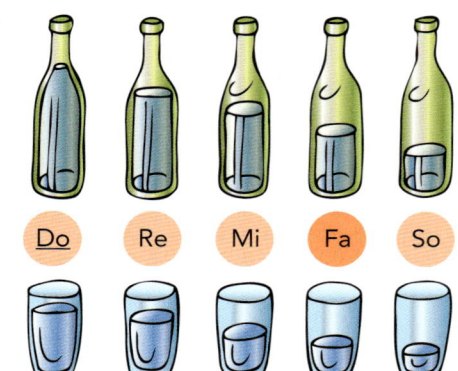

❷ Nun füllen die Kinder eine Flasche fast bis obenhin. Der entstandene Ton sei das tiefe Do.

❸ Die anderen Flaschen werden jetzt so befüllt, dass die fünf Töne der Reihe nach erklingen wie der Anfang von „Alle meine Entchen" oder „Fuchs, du hast die Gans gestohlen" – und schon hat man die Reihe durch das Fa ergänzt.

In den folgenden Bausteinen werden Lieder auf ihre Form und ihre Kompositionsprinzipien hin untersucht. Derartige „Untersuchungen" bewirken, dass Kinder solche Prinzipien nicht nur hören lernen, sondern auch bei eigenen Gestaltungen bewusst anwenden.

Baustein 1

Teil A: Form von Liedern entdecken, Melodien nachbauen und umbauen, improvisieren

Baustein 1: Den Formablauf eines Lieds herausfinden

Empfohlene Do-Position: Do auf **F**

Vorbemerkung

Warum sollte man sich die Mühe machen, den **Formablauf** (→ Glossar) eines Lieds zu untersuchen? Die Kinder kennen sicher viele Lieder, sie haben also die Melodien im Kopf und man könnte einfach auf tabDo! drauflos spielen. Das wäre allerdings eine zeitraubende und auf Dauer nicht zufriedenstellende Methode. Effektiver ist es, sich zunächst einmal zu orientieren und einen Überblick zu verschaffen. Das ist das Ziel dieses Bausteins.

Die Big-Ben-Melodie wurde auf Level 1 (→ S. 21) in vier Zeilen notiert, weil die Stunde in vier Viertelstunden aufgeteilt ist. So ist es mit allen Liedmelodien: Sie sind erkennbar geformt und diese Formung hängt eng mit dem Text zusammen.

Als exemplarisches Beispiel eignet sich der „Bi-Ba-Butzemann" (auch in SIM SALA SING). Die Kinder werden die Melodie von klein auf kennen, was bei der Arbeit hier von Vorteil ist. Sie werden es aber nicht als „Kindergartenlied" empfinden, denn der Butzemann hat neue Freunde: Roboter (in Strophe 2), Gummibären (in Strophe 3) und Hampelmänner (in Strophe 4).

Hinweis: Die Melodie des „Bi-Ba-Butzemann" benutzt das <u>So</u> als Auftakt. Trotzdem spricht man auch dann vom **Tonvorrat** (→ Glossar) <u>Do Re Mi Fa So</u>, wenn eine Melodie zusätzlich z. B. das <u>So</u> (das tiefe So) oder das hohe Do verwendet. Doppelte Töne in unterschiedlichen Oktavlagen werden nur einmal genannt und gezählt.

Erarbeitung

Bi-Ba-Butzemann und seine Freunde

Text (1. Strophe) u. Musik: überliefert
Text (2.–4. Strophe): Renate Kern
© (2.-4. Strophe) Helbling

2. Es tappt ein Ri-Ra-Roboter in unserm Haus herum, …
   er dreht den Kopf, er hebt das Knie, braucht eine neue Batterie. …

3. Er hüpft ein Gi-Ga-Gummibär in unserm Haus herum …
   Er beugt sich hin, er beugt sich her, springt wie ein Flummi kreuz und quer. …

4. Es hängt ein Hi-Hu-Hampelmann in unserm Haus herum …
   Er hampelt hoch, er hampelt tief, die Hampelmütze sitzt schon schief. …

Level 3

❶ Dieses Lied eignet sich zunächst als lustiges Bewegungsspiel während des Singens. Damit bekommen die Kinder die Melodie leicht ins Ohr.

❷ Dann schauen wir uns die Form des Textes der ersten Strophe an. Wenn wir ihn singen, bekommt der an sich ungeformte Text eine vierteilige Form über einem Zweiermetrum (die betonten Silben sind unterstrichen und können z. B. durch ein leichtes Klatschen in die Hand oder das Aufstampfen mit dem Fuß bewusst gemacht werden):

Es <u>tanzt</u> ein Bi-Ba-<u>But</u>zemann in <u>uns</u>erm Haus her<u>um</u>, fidibum.
Es <u>tanzt</u> ein Bi-Ba-<u>But</u>zemann in <u>uns</u>erm Haus her<u>um</u>.
Er <u>rüt</u>telt sich, er <u>schüt</u>telt sich, er <u>wirft</u> sein Säcklein <u>hin</u>ter sich.
Es <u>tanzt</u> ein Bi-Ba-<u>But</u>zemann in <u>uns</u>erm Haus her<u>um</u>.

❸ Daraus ergibt sich dieses Tafelbild:

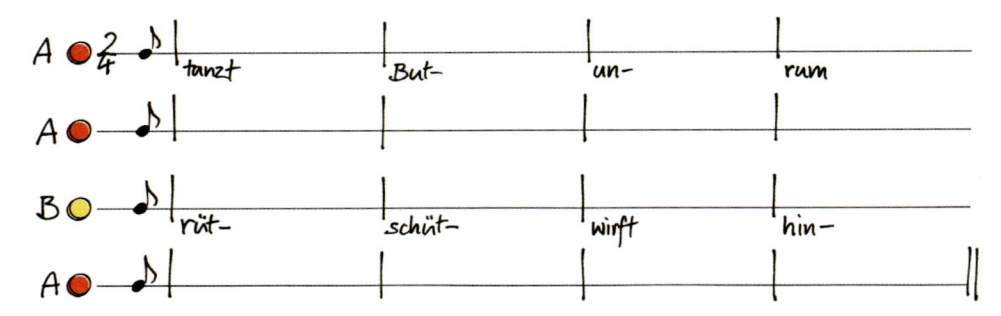

- Wir notieren vier Linien. Diese unterteilen wir mithilfe der betonten Silben in jeweils vier Takte. Die betonten Silben notieren wir darunter.
- Mithilfe von bunten Magneten oder Formbuchstaben A und B deuten wir an: Diese Abschnitte haben dieselbe Melodie. Die minimale Abänderung in der ersten Zeile (ein abschließendes „fidibum") können wir ignorieren.
- Wer ganz genau hinhört, wird bemerken, dass im B-Teil (im gelben Teil) die ersten beiden Takte dieselbe Melodie haben wie die folgenden zwei Takte.

❹ Wie verläuft nun die Melodie Ton für Ton genau? Um das herauszufinden, bauen die Kinder die Melodie nach. Dazu wählen sie in tabDo! den Hand- oder Tonleiter-Bildschirm und stellen z. B. Do = F ein. Der Anfangston ist <u>So</u> = C. Je nach Leistungsstand der Klasse kann es sinnvoll sein, beim Nachbau der Melodie die Methode der Lücken-Melodie zu wählen, statt die Töne durch Ausprobieren herausfinden zu lassen. Diese Methode wurde auf Level 2 vorgestellt und wird hier im folgenden Baustein nochmals erklärt.

Baustein 2: Eine Melodie nachbauen – die Lücken-Melodie

Empfohlene Do-Position: Do auf **G**

Vorbemerkung

Selbst Beethoven reichten die Töne Do Re Mi Fa So für die Vertonung von „Freude, schöner Götterfunken" (auch in SIM SALA SING). Die Struktur der zur Europahymne gewordenen Melodie ist nicht anders als die der Kinderlieder. Deshalb „verstehen" auch Kinder die Melodie. Beethovens große Kunst liegt in der sinfonischen Verarbeitung, die um die Melodie herumkomponiert ist.

Zur Erarbeitung wird hier wieder die leichtere Variante der Methode „Eine Melodie nachbauen" eingesetzt (→ Level 2, Baustein 3): die Lücken-Melodie.

Baustein 2

Erarbeitung

Freude, schöner Götterfunken

Text: Friedrich Schiller
Musik: Ludwig van Beethoven

Freu-de, schö-ner Göt-ter-fun-ken, Toch-ter aus E-ly-si-um,
wir be-tre-ten feu-er-trun-ken, Himm-li-sche, dein Hei-lig-tum!
Dei-ne Zau-ber bin-den wie-der, was die Mo-de streng ge-teilt.
Al-le Men-schen wer-den Brü-der, wo dein sanf-ter Flü-gel weilt.

❶ Zunächst wird das Lied gründlich erarbeitet, sodass die Kinder es bald gut (auswendig) singen können.

❷ Um die Form des Lieds zu veranschaulichen, erstellen wir ein Tafelbild. Schon beim Singen und Hören haben wir erkannt, dass – wie bei „Bi-Ba-Butzemann und seine Freunde" – zwei Abschnitte genau gleich sind: der zweite und der vierte. Der erste Abschnitt beginnt gleich und wird nur anders fortgeführt. Der dritte Abschnitt jedoch klingt gänzlich anders. Wir zeichnen also wieder unsere vier Linien und kennzeichnen die einzelnen Abschnitte mit den Formbuchstaben A B C B.

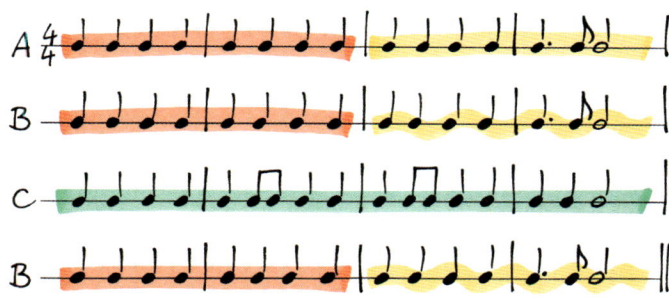

❸ Dann ergänzen wir den Rhythmus in der vereinfachten Notation. Die Punktierung brauchen wir an dieser Stelle nicht zu thematisieren, denn durch das Singen ist sie den Kindern verständlich. Eine musiktheoretische Erläuterung ist an dieser Stelle nicht nötig.

❹ Zusätzlich schauen wir nun, welche Takte ähnlich klingen und markieren sie farblich.

❺ Im letzten Schritt sollen die Kinder die Töne der Melodie nachbauen (Anfangston Mi = H). Hier werden aber einzelne Töne vorgegeben. Die Kinder müssen nun nur die Töne zwischen diesen „Stützpunkten" finden.

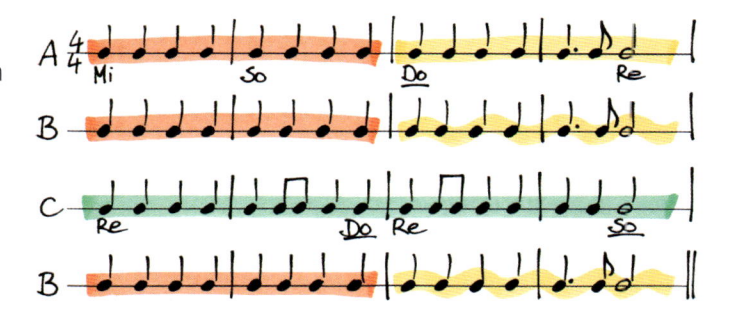

❻ Wenn die Tonfolge erarbeitet ist, können die Kinder die Melodie mit Solmisationssilben singen. Zur Verinnerlichung der Tonpositionen tippen die Kinder dabei in die eigene Hand oder, wenn sie die Töne auf dem Tonleiter-Bildschirm nachgebaut haben, auf die Tonleiter-Kopiervorlage (→ Anhang, S. 138). Mit dieser Art des „Vom-Blatt-Singens" wird die innere Tonvorstellung weiterentwickelt.

Level 3

Zusätzliche Aufgabe: Natürlich wird man bei dieser Gelegenheit in den 4. Satz der 9. Sinfonie von Beethoven hineinhören, in dessen Zentrum das Lied „Freude, schöner Götterfunken" steht. Getragen von der Melodie versuchen die Kinder zu erkennen, was in der Komposition um die Melodie herum „passiert". Hier kann wieder das „Sprechen über Musik" geübt werden. Eine schöne Aufgabe ist es außerdem, wenn die Kinder während der Aufnahme die Melodie mitsingen und dabei in die Hand spielen.

Baustein 3: Eine Melodie nachbauen – die Fehler-Melodie

Empfohlene Do-Position: Do auf **G**

Vorbemerkung

Die Eurovisionsmelodie stammt aus dem „Te Deum" von Marc-Antoine Charpentier (1643–1704). Es handelt sich dabei um eine rein instrumentale Komposition, aber die Melodie ist liedhaft komponiert und deshalb leicht verständlich (mit hinzugefügtem Text auch in SIM SALA SINC). Die Form der Melodie wirkt schlichter als die Melodie zu „Freude, schöner Götterfunken".

Fächerverbindende Aufgabe: Neben der Betrachtung der musikalischen Form, bietet sich die Eurovisionsmelodie auch für den fächerverbindenden Unterricht mit weiteren europa-bezogenen Themen an. Der liedhafte Charakter des Stücks reizt außerdem dazu, auf die Melodie weitere Texte zu erfinden (Verbindung mit dem Fach Deutsch).

An dieser Melodie sei eine weitere Variante der Methode „Eine Melodie nachbauen" demonstriert, die **Fehler-Melodie** (→ Glossar). Sie ist wie die Lücken-Melodie eine vereinfachte Methode: Alle Noten sind benannt, aber einige Töne werden falsch notiert.

Erarbeitung

Eurovisionsmelodie

Musik: Marc-Antoine Charpentier

❶ Die Kinder hören die Melodie am Klavier und summen bei einem zweiten und dritten Durchlauf mit. Evtl. hören sie eine Aufnahme des Stücks, bewegen sich dazu und lernen so die Melodie intensiv kennen (weitere Ideen zur Liederarbeitung → S. 13).

❷ Nun schreiben wir die Melodie wieder in vereinfachter Notation auf und kennzeichnen die Formteile entweder mit Formbuchstaben oder Magneten.

❸ Als nächstes bauen wir die Melodie nach. In der Abbildung ist die Melodielinie mithilfe von Solmisationssilben bereits eingetragen, allerdings mit Fehlern (hier rot gekennzeichnet, im Unterricht später jedoch nicht). Die Kinder suchen nach den Fehlern und korrigieren sie – die einen mit Hilfe von tabDo!, andere können es vielleicht schon ohne Hilfsmittel.

Baustein 4

❹ Die Kinder haben vor der Erarbeitung des Melodieverlaufs die Melodie gesungen. Entweder mit Singsilbe „du" oder lautmalerisch mit der Stimme eine Trompete imitierend. Nun können sie mit der vereinfachten Notation vor Augen die Melodie auf Solmisationssilben singen und die Töne gleichzeitig in die eigene Hand (oder die Tonleiter-Kopiervorlage → Anhang, S. 138) tippen. Auf diese Weise werden die Tonnamen und ihre relativen Positionen zueinander verinnerlicht.

Baustein 4:
Improvisieren über einem Bass-Ostinato

Empfohlene Do-Position: beliebig

Vorbemerkung

Wie bereits auf Level 2, Baustein 2 hilft auch hier das **Bass-Ostinato** (→ Glossar) die Improvisationen der Kinder harmonisch zu steuern. Daneben werden die Improvisierenden motiviert, während ihres eigenen Spiels auf eine zweite Stimme zu achten.
Zwei Kinder spielen zusammen, jedoch jedes an einem Tablet, damit verschiedene Levels und Instrumentenklänge gewählt werden können.
tabDo! wird also folgendermaßen eingestellt:

- Kind 1 (Bass-Ostinato): Tonleiter-Bildschirm, Level 3, Instrument: Bass
- Kind 2 (Improvisation): Hand-Bildschirm, Level 2, Instrument: Klavier

Hinweis: Wichtig ist darüber hinaus, dass beide Kinder das Do auf der gleichen Position einstellen.

Erarbeitung

Als Bass-Ostinato verwenden wir z. B.:

❶ Do Fa So Do. Diese Basstöne kommen in veränderter Abfolge so gut wie in jedem (Dur-)Lied vor. Somit werden die Improvisationen das Ohr nicht nur für die Basstöne öffnen, sondern auch für die damit verbundenen Harmoniefolgen in den Liedern. Kind 1 stellt Level 3 ein und wiederholt in gleichmäßigem Metrum die Töne Do Fa So Do jeweils ein- oder zweimal (→ Beispiel unten), Kind 2 improvisiert auf Level 2 mit den Tönen der Pentatonik über diesem Ostinato.

❷ die sehr häufig vorkommenden Schritte Do Re So Do. Das Vorgehen ist das gleiche wie bei 1.

Beispiel Bass-Ostinato 1:   **Beispiel Bass-Ostinato 2:**

Hinweis: Die Kinder sollen die Improvisation „atmend" gestalten. Die Dauer einer Tonfolge ist also etwa so lang wie die meistens zweitaktigen Abschnitte in einem Lied (→ rote Bögen in der Abbildung oben).

❸ Ist dieser Anfang gemacht, kann zum Orff-Instrumentarium übergegangen werden. Dies wird dann so gestaltet, wie auf Level 1, Baustein 7 beschrieben. Für die ostinate Bassstimme wird man nach Möglichkeit Bassklangstäbe verwenden.

Hinweise:
- Die Bassstimme übernimmt idealerweise immer ein fortgeschrittenes Kind, das bereits ein dafür nötiges metrisches Grundgefühl besitzt.

- Für Experten: Die in ❶ und ❷ verwendeten Basstöne sind die Grundtöne der klassischen Kadenz: Tonika, Subdominante, Dominante bzw. die harmonische Alternative: Tonika, Subdominantparallele, Dominante.

Level 3

Baustein 5: Eine Melodiezelle und ihre Veränderungen untersuchen

Empfohlene Do-Position: Do auf **D**

Vorbemerkung

In diesem Baustein soll die Weiterentwicklung einer melodischen Idee untersucht werden. Eine melodische Idee ist so etwas wie eine **Melodiezelle** (→ Glossar), eine Gruppe von Tönen, die als zusammengehörig empfunden werden und der Melodie ihr „Gesicht" geben. Eine Melodiezelle kann wiederholt oder verändert und weiterentwickelt werden. Die Melodie des Gospels „Oh, When the Saints" ist ein schönes Beispiel dafür (auch in SIM SALA SING).

Erarbeitung

Oh, When the Saints

Text u. Musik: überliefert

2. And when the sun begins to shine, …

3. And when Old Gabriel blows his horn, …

4. And when they gather round the throne, …

5. And when they crown him King of Kings, …

6. And on that Hallelujah-day, …

Baustein 6

① Die Kinder lernen das Lied zunächst auf neutrale Silbe „du", dann mit dem englischen Text.

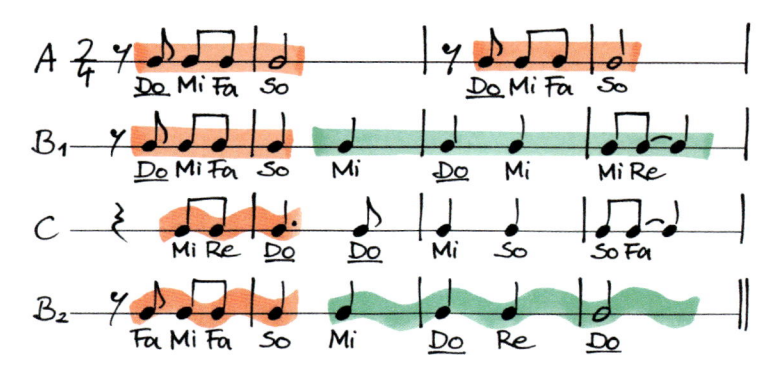

② Wir notieren die Melodie wieder in vereinfachter Notation und markieren die Abschnitte und ähnlichen Teile. Dabei erkennen wir in der Melodie eine recht ausgefeilte Binnenstruktur: Die Anfangstöne sind so etwas wie eine „Urzelle" der Melodie. Die Stellen, an denen diese Melodiezellen zu hören sind, haben wir rot markiert. Die Zellen sind jedoch nicht immer identisch. Zu Beginn der Zeilen 3 und 4 können wir sehen, wie sie sich verändert und weiterentwickelt haben: In Zeile 3 ist die Zelle verkürzt und geht nach unten, in Zeile 4 macht sie eine kleine Wellenbewegung.

③ Anschließend wird die Melodie nachgebaut: Je nachdem, wie Sie die Kinder einschätzen, auch als Lücken- oder Fehler-Melodie (→ Level 3, Baustein 2 und 3).

④ Um unserem Ziel, eine innere Tonvorstellung zu entwickeln, näher zu kommen, tippen wir im Anschluss nun wieder singend die Melodie in die Hand oder auf die Tonleiter-Kopiervorlage.

Baustein 6:
Melodiezellen umbauen

Empfohlene Do-Position: beliebig

Vorbemerkung

Wie viel Veränderung verträgt eine Melodiezelle, damit die Verwandtschaft für das Ohr noch erkennbar bleibt? Zu dieser Frage können die Kinder mit Hilfe von tabDo! experimentieren.

Erarbeitung

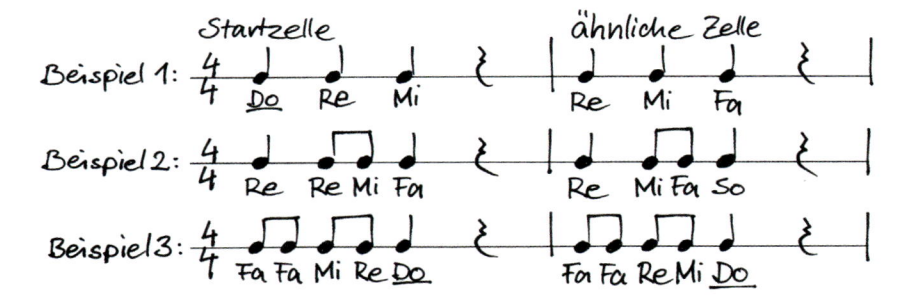

① Wir geben den Kindern eine Startzelle in vereinfachter Notation vor (Beispiele oben) und fordern sie auf, den gleichen Rhythmus zu verwenden, jedoch eine neue Melodie zu finden und aufzuschreiben (in den Beispielen als „ähnliche Zelle" gekennzeichnet). Aufgabe soll sein, dass die zweite Zelle nicht gleich, sondern der ersten ziemlich ähnlich ist. Die Kinder können natürlich auch eigene Startzellen erfinden.

② Interessant ist nun, ob die anderen Kinder diese Ähnlichkeit hören und nachvollziehen können. Das überprüfen wir, indem ein Kind seine beiden Zellen vorsingt und die anderen Kinder anschließend folgende Fragen beantworten: Sind die Zellen ähnlich? Wenn nein, warum nicht? Wenn ja, warum? Ein „Ja" sollte dann ganz konkret begründet werden. Als Hilfe kann das Kind seine Startzelle an die Tafel schreiben und seine veränderte Zelle noch einmal vorsingen oder evtl. auch notieren. Damit fällt es den anderen Kindern leichter Ähnlichkeiten zu formulieren.

Hinweis: Mit dieser Übung trainieren die Kinder intensiv ihr Gehör und sie lernen, musikalische Verläufe in Worte zu fassen.

Level 3

Baustein 7:
Eine komplette Melodie umbauen

Empfohlene Do-Position:
Do auf **D**

Vorbemerkung

In diesem Baustein wird nun ein ganzes Lied umgebaut (als Beispiel dient „Ich kenne einen Cowboy",
→ Level 2, Baustein 11). Eine **Melodie umbauen** (→ Glossar) heißt nicht neu bauen oder komponieren.
Beim Umbauen einer Melodie lässt man die Form und den Rhythmus unverändert. Und auch im Melodieablauf soll nicht alles geändert werden, damit die Verbindung zur Ursprungsmelodie noch erkennbar bleibt.
Auf diese Weise sind „Leitplanken" eingezogen, an denen die Kinder sich orientieren können. So bleibt die
Aufgabe auch machbar.
Viele Ideen werden in diesem Sinne „richtig" sein, aber nicht gut klingen. tabDo! dient dabei zur Kontrolle,
der Kontrolleur ist das Ohr!

Erarbeitung

❶ Wir rufen uns das Lied durch gemeinsames Singen wieder ins Bewusstsein. Auf Level 2, Baustein 11 haben wir uns bereits intensiv damit beschäftigt.

❷ Dann notieren wir mithilfe der vereinfachten Notation die Melodie an die Tafel (→ S. 50).

❸ Nun geben wir die Aufgabe, die Melodie umzubauen: Der Rhythmus und die Form bleiben gleich, aber in den einzelnen Abschnitten dürfen Melodietöne abgeändert werden. Wir können aber z. B. festlegen, dass Anfangs- und Endton eines Melodieabschnitts nicht verändert werden, damit der Bezug zur Ursprungsmelodie nicht ganz verlorengeht. Diese Töne markieren wir farblich, sodass es für die Kinder ganz klar ist, welche Töne sie verändern können. Auf dieser Grundlage erarbeiten die Kinder nun mit tabDo! und Kopfhörern eine umgebaute Melodie zum Lied.

❹ Im Anschluss singen wir die umgebaute Melodie. Das Ohr entscheidet, ob sie gelungen ist oder nicht.

Umbau-Beispiel 1:
In diesem Beispiel behält das Kind das Prinzip der Tonwiederholungen bei und bewegt sich ansonsten schrittweise auf den jeweiligen Zielton zu. Das Ergebnis klingt sehr gelungen.

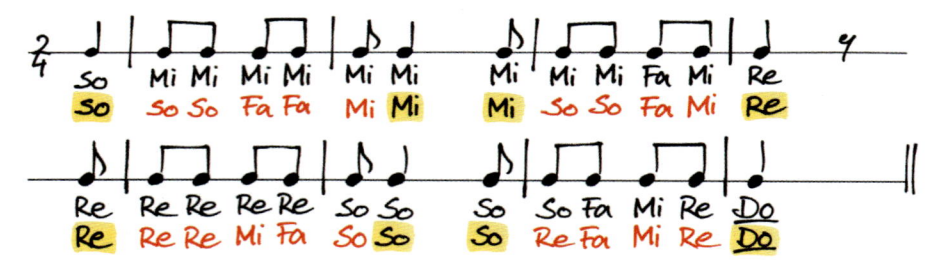

Umbau-Beispiel 2:
In diesem Beispiel hat das Kind offensichtlich noch die Fanfaren aus Level 1 im Ohr und den Umbau mit Dreiklängen realisiert. Auch dieser Umbau der ursprünglichen Melodie ist gelungen.

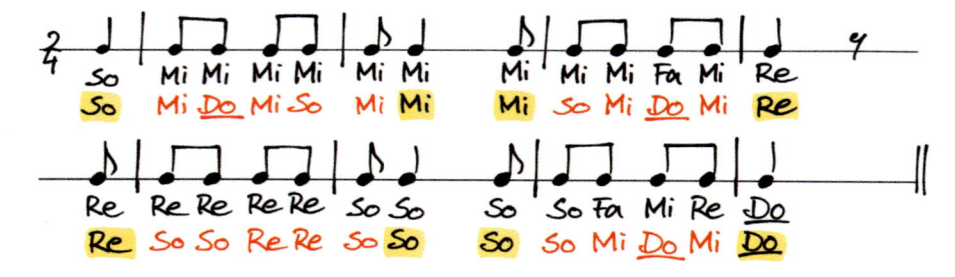

Baustein 8

Teil B: Melodiezellen entwickeln – Echo, Sequenz, Krebs (für höhere Klassen)

Baustein 8: Das Echo – Melodiezellen vor- und nachspielen

Empfohlene Do-Position: beliebig

Vorbemerkung

Das **Echo** (→ Glossar) ist den Kindern als Phänomen bekannt. Man hört es im Gebirge mit steilen Felswänden, in Höhlen, unter Brücken, oder manchmal auch in großen Räumen oder Hallen. In unzähligen Musikstücken wird der „Echo-Effekt" verwendet. Auch die Vorsing-Nachsing-Methode bei der Einführung eines neuen Lieds ist eine „Echo-Methode" (auch als Call & Response bekannt). Ebenso sind Übungen für das Kurzzeitgedächtnis oder Gesangsübungen, bei denen die Gruppe etwas nachsingt, was vorgesungen wurde, „Echo-Übungen". Dabei werden die Tonfolgen als Ganzes gehört und reproduziert.

In diesem Baustein wird die Aufmerksamkeit auf Details gelenkt. Die Kinder sensibilisieren ihre Wahrnehmung, wenn sie „mit Echos spielen". Dabei beginnen sie zunächst mit nur einem einzigen Takt, einer kleinen selbsterstellten Melodiezelle.

Erarbeitung

❶ Spielen Sie die erst Startzelle vor, gemeinsam wird das Echo gespielt. Bei der nächsten Zelle können die Kinder alleine das Echo finden.

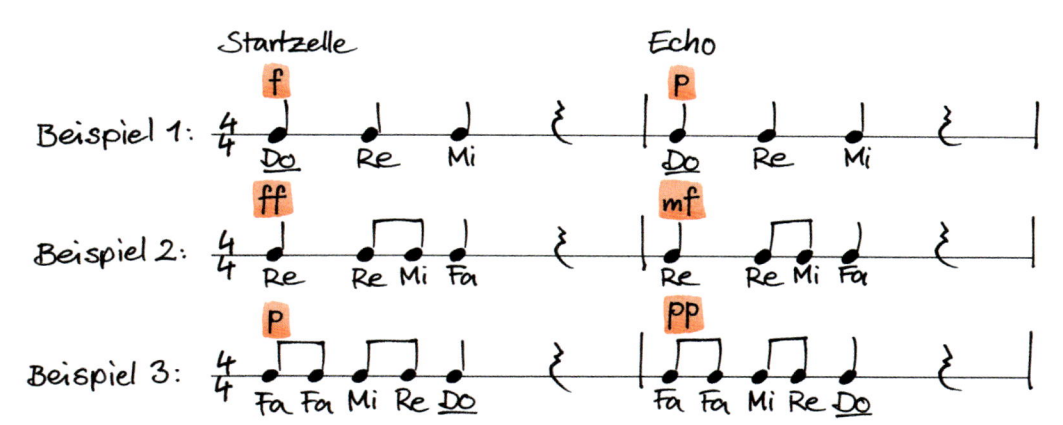

[Notenbeispiele: Beispiel 1 (f/p): Do Re Mi – Do Re Mi; Beispiel 2 (ff/mf): Re Re Mi Fa – Re Re Mi Fa; Beispiel 3 (p/pp): Fa Fa Mi Re Do – Fa Fa Mi Re Do]

Zusatzaufgabe zur Lautstärkeunterscheidung: Ein Echo ist immer leiser als die Startzelle. Auf einem Tablet können wir diesen Unterschied nicht nachahmen, denn da ist die Lautstärke immer gleich. Eine Möglichkeit ist, dass jeweils zwei Kinder an zwei verschiedenen Tablets spielen, dann sollte die Lautstärke auf dem zweiten Tablet leiser eingestellt werden als auf dem ersten. Um das Prinzip von Lautstärke zu verstehen, können wir die Echos aber auch singen und dabei verschiedene Lautstärkeangaben ausprobieren. Singen Sie mit den Kindern ganz laute und ganze leise Zellen. Im Anschluss können Sie verschiedene Lautstärken z. B. am Klavier vorspielen, die Kinder hören genau hin und ordnen die Lautstärkeangaben zu, wie hier z. B. in den Notenbeispielen.

❷ Jetzt erfinden die Kinder eigene kleine Echo-Kompositionen auf dem Papier und spielen sie anschließend auf tabDo! nach.

❸ Ein Kind schreibt sein Stück (mehrere Echo-Beispiele hintereinander) an die Tafel und studiert es mit der Klasse ein. „Fensterseite singt vor, Wandseite singt das Echo, aber leise!"

❹ Zum Abschluss können einige Beispiele ausgewählt und „aufgeführt" werden, z. B. auch mit Orff-Instrumentarium.

Level 3

Zusätzliche Aufgabe: Möchte man an dieser Stelle eine Hörübung einfügen, eignet sich das Madrigal „Che bon eccho" von Orlando di Lasso. Das Stück basiert ganz auf der Echo-Idee, aber es ist gar nicht so leicht zu hören, wann das Echo erklingt. Der Chor 2 beginnt nämlich mit seinem Echo auf Chor 1 immer bereits, wenn Chor 1 mit seiner Melodiezelle noch gar nicht fertig ist.
Ganz ähnlich ist es mit dem Lied „Abeeyo" in „Tipolino 3/4" (erschienen im HELBLING Verlag, S. 114). Bevor man dieses Lied mit der Klasse singt, sollte man sich mit der Architektur des Lieds vertraut machen. Die Kinder singen besser und lernen ein Lied schneller, wenn sie den Aufbau des Lieds verstanden haben.

Baustein 9: Das Echo auf anderen Tonstufen – Melodiezellen sequenzieren („Gleitflug")

Empfohlene Do-Position: beliebig

Hinweis zur Einordnung: Sie können dieses Thema auch nach Level 4 oder Level 5 verschieben. Dort stehen mehr Töne zur Verfügung und die Kompositionen werden variantenreicher. Das Prinzip wird aber auch auf diesem Level schon vollkommen klar.

Vorbemerkung

In der Musiktheorie spricht man von **Sequenzen** (→ Glossar), wenn eine Melodiezelle auf einer anderen Stufe wiederholt wird. Dieser Technik begegnet man sehr oft und Sequenzierungen sind auch leicht zu hören. Sie klingen geradezu „logisch", weil sie sehr eng verwandt sind mit dem Echo. Sequenzen sind sozusagen „Echos auf anderen Tonstufen". Selbst in einfachen Liedmelodien findet man die „Versetzung" einer Melodiezelle auf einer anderen Tonstufe. Und auch bei den Kanons auf Level 4 wird diese Sequenztechnik eine ganz wichtige Rolle spielen.

Wenn das Wort „Sequenz" im Unterricht verwenden werden soll, muss es zunächst immer mit Umschreibungen verbunden werden, denn das Wort selbst löst keine musikalische Vorstellung bei Kindern aus. Eine treffende Assoziation wäre: „Die Melodiezelle gleitet wie ein Vogel durch die Luft, mal aufwärts und mal abwärts".

Beim Sequenzieren einer Melodiezelle sind zwei Bedingungen zu erfüllen:
- Die sequenzierte Zelle muss denselben Rhythmus haben wie die Startzelle.
- Die sequenzierte Zelle muss denselben Tonanstieg und -abstieg haben wie die Startzelle.

Erarbeitung

❶ Wir bauen als Übung gemeinsam ein paar Sequenzen. Dazu notieren wir eine Startzelle an die Tafel und führen gemeinsam eine erste Sequenz aus. Dann dürfen die Kinder selbständig weitere Sequenzen bauen. Auch diese notieren wir an die Tafel und sprechen gemeinsam darüber, was wir gehört und gesehen haben.

Beispiel 1:
Startzelle → Do Do Re | Re Re Mi | Mi Mi Fa | Fa Fa So ← Sequenzen

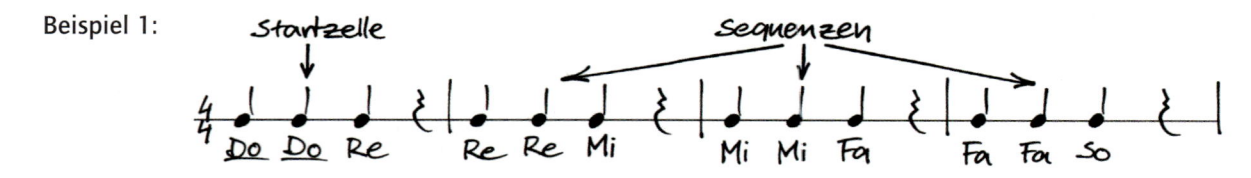

Beispiel 2:
Startzelle → So Fa So Fa | Fa Mi Fa Mi | Mi Re Mi Re | Re Do Re Do ← Sequenzen

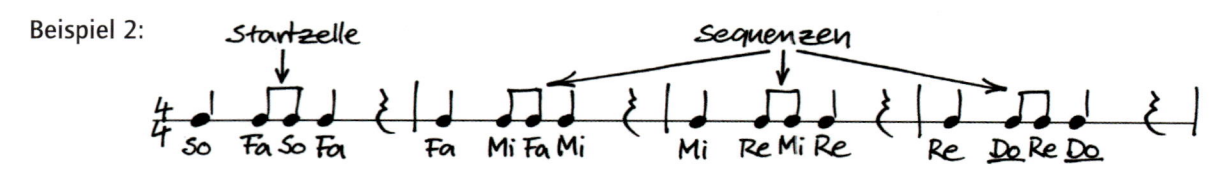

- In Beispiel 1 steigt die Startzelle dreimal nach oben.
- In Beispiel 2 gleitet die Startzelle dreimal abwärts (zurück zum Grundton).

Baustein 10

❷ Wir können als nächstes versuchen, Sequenzen in Kinderliedern zu hören, indem sie am Klavier vorgespielt oder gesungen werden, z. B.:
Taler, Taler, du musst wandern / What Shall We Do With the Drunken Sailor / Lasst uns froh und munter sein / Der Mond ist aufgegangen / Wenn ich ein Vöglein wär / Auf de schwäbsche Eisebahne / Hänschen klein.

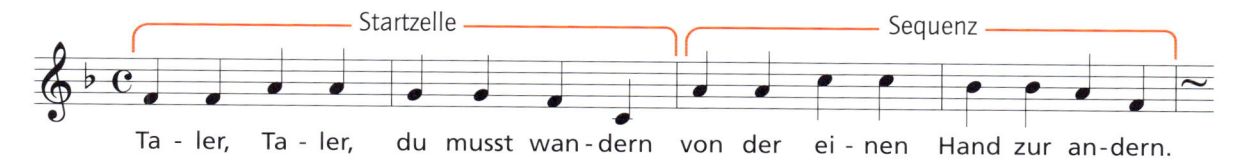

```
        Startzelle              Sequenz
Ta - ler, Ta - ler, du musst wan - dern von der ei - nen Hand zur an - dern.

        Startzelle              Sequenz
Der Mond ist auf - ge - gan - gen, die gold - nen Stern - lein pran - gen am
```

Auf diese Weise wird den Kindern ein wichtiges Element der abendländischen Kompositionstechnik bewusst.

Baustein 10: Der Krebs – Melodiezellen symmetrisch gestalten

Empfohlene Do-Position: beliebig

Vorbemerkung

In der Natur gibt es überall Symmetrien, z. B. in Blättern (wie in der Abbildung rechts zu sehen ist). Den Begriff **Symmetrie** (→ Glossar) kennen die Kinder evtl. schon aus dem Mathematikunterricht: Wenn Figuren an Achsen gespiegelt werden, dann spricht man von Achsensymmetrie. Und auch bei barocken Schlössern erkennt man leicht die symmetrische Anlage der Architektur. Hin und wieder kann man sogar symmetrisch angeordnete Buchstaben entdecken. Vorwärts und rückwärts gelesen ergeben sie dasselbe Wort, wie z. B. Anna.

ANNA
UHU
REITTIER

Dieses Wissen kann als Brücke zur Musik genutzt werden. Denn auch Melodiezellen lassen sich symmetrisch anordnen, also spiegeln. Diese Kompositionstechnik heißt „Krebs" (→ Glossar) und ist bei Komponisten seit Jahrhunderten beliebt.

Erarbeitung

Wir gehen der Frage nach, wie es klingt, wenn wir Melodiezellen zuerst vorwärts und dann rückwärts spielen oder singen.

❶ Schreiben Sie ein paar (rhythmuslose) Tonsilben auf die linke Seite und die Kinder finden heraus, wie diese gespiegelt auf der rechten Seite heißen müssen.

Do Re Mi Fa So Fa Mi Re Do
Do Re Mi Fa So So Fa Mi Re Do
Do Re Mi Re Mi Fa So So Fa Mi Re Mi Re Do
Do Mi So Fa Mi Fa So So Fa Mi Fa So Mi Do

❷ Wenn das verstanden ist, können die Kinder ausgehend von Do eine Melodiezelle erfinden und in der vereinfachten Notation aufschreiben.

4/4 Do Do Mi Re Fa So

Level 3

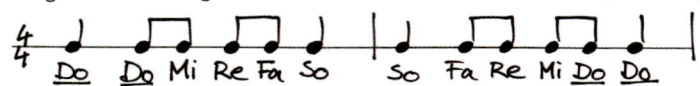

❸ Nun sollen sie sich vorstellen, am Ende der Melodiezelle einen Spiegel aufzustellen, um die Tonsilben und den Rhythmus zu spiegeln. Wie sieht die gespiegelte Melodie aus? Auch das notieren die Kinder. Dann wird überprüft, ob die Tonfolge gut und schlüssig klingt – entweder mithilfe von tabDo! oder, wer kann, singend an der eigenen Hand oder auf der Tonleiter-Kopiervorlage (→ Anhang, S. 138).

❹ Wenn man in der Natur genau hinschaut, dann ist die Spiegelung wie bei dem auf S. 65 abgebildeten Blatt meistens gar nicht ganz perfekt. So ist es auch mit den Melodien. Man muss nicht unbedingt beides spiegeln, Melodie und Rhythmus. Wie können beide Möglichkeiten einmal ausprobieren:
- Möglichkeit 1 ist, Melodie und Rhythmus zu spiegeln.
- Möglichkeit 2 ist, nur die Melodie zu spiegeln, den Rhythmus aber unverändert zu wiederholen.

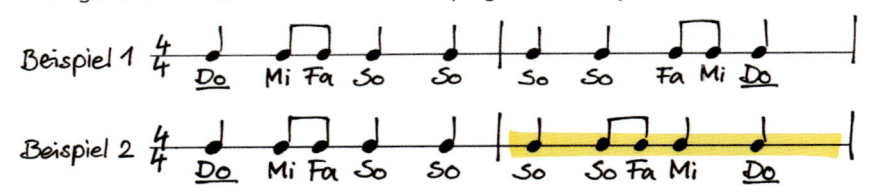

Beim Beispiel 1 ist die Tonfolge und der Rhythmus, beim Beispiel 2 dagegen nur die Tonfolge gespiegelt und der Rhythmus wird wiederholt. Wir stellen fest, dass beide Arten des Krebses möglich sind, die zweite Version aber etwas schlüssiger klingt.

Baustein 11:
Mit dem Krebs improvisieren

Empfohlene Do-Position: beliebig

Vorbemerkung

Aus der Idee der **Spiegelung** (→ Glossar) einer Melodiezelle ergeben sich schöne Improvisationsideen. Es ist tatsächlich so, dass Jazzmusikerinnen und -musiker solche Techniken ganz bewusst studieren und so verinnerlichen, dass sie ohne Nachdenken ihre Improvisationen auf diese Weise entwickeln. Und warum sollten die Kinder nicht auch versuchen, melodische Zusammenhänge herzustellen oder Melodiezellen wachsen zu lassen beim Improvisieren? Auf diese einfache Weise werden sie Schritt für Schritt an die Improvisation herangeführt.

Wie immer bei Improvisationen und im Gegensatz zum vorigen Baustein werden diese Ideen nicht notiert! Hier geht es darum, dass man sich merkt, was man gerade gespielt hat und dazu den Krebs entwickelt.

Erarbeitung

❶ Wir beginnen, einfache Krebsbeispiele zu improvisieren, zunächst ohne Rhythmus und mit nur drei Tönen.
Am besten in der Hand, denn dann ist der „Krebsgang" auch optisch leicht erkennbar. Hier einige Beispiele:

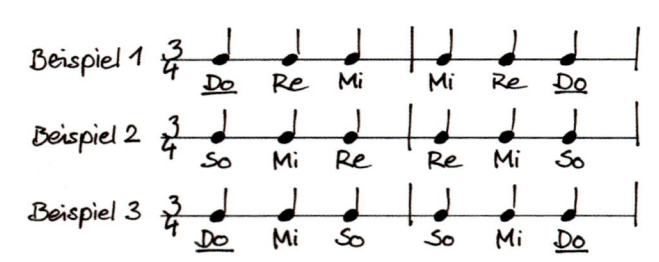

❷ Im nächsten Schritt können zwei Kinder miteinander improvisieren: Der „strenge Krebs" ist aufgelockert durch die Pause im ersten Takt. Und dann antwortet das zweite Kind „im Krebsgang" im zweiten Takt. Hier ist die Verwandtschaft zu den „Frage-Antwort-Aufgaben" auf Level 2, Baustein 1 erkennbar. Der Unterschied besteht darin, dass hier die Antwort auf die Frage des ersten Kindes festgelegt ist durch die Anweisung: „im Krebsgang":

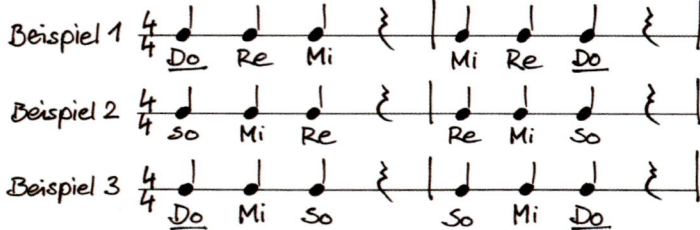

tabDo! · HELBLING

❸ Im Baustein 6 auf Level 2 haben wir den 6/8-Takt kennengelernt. Wir probieren aus, wie dieselben kleinen Melodien unter ❶ in strenger Symmetrie in dieser Taktart klingen:

Beispiel 1 — Do Re Mi | Mi Re Do
Beispiel 2 — So Mi Re | Re Mi So
Beispiel 3 — Do Mi So | So Mi Do

❹ Wir stellen folgende Überlegung an: Woran liegt es, dass diese Versionen in ❸ nicht so schlüssig klingen? Der Grund ist, dass wir auch den Rhythmus streng spiegeln. Viel besser klingt es, wenn wir den Rhythmus nicht spiegeln, sondern wie im ersten Takt beibehalten:

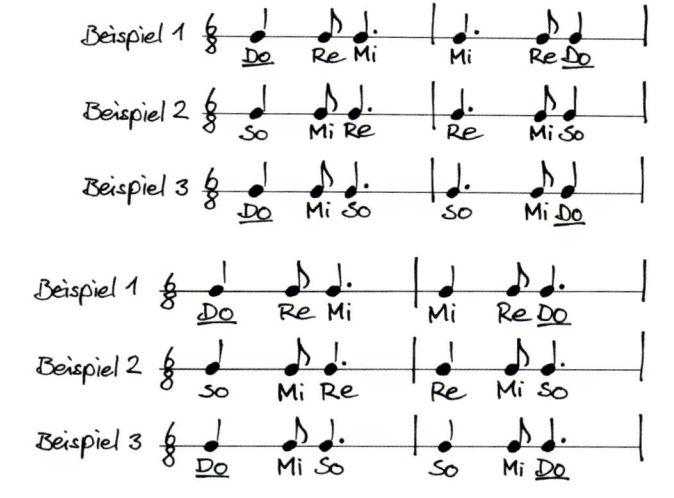

Beispiel 1 — Do Re Mi | Mi Re Do
Beispiel 2 — So Mi Re | Re Mi So
Beispiel 3 — Do Mi So | So Mi Do

Etappenziel: Eine Tonvorstellung ohne tabDo! entwickeln

Für diesen Baustein wird kein tabDo! benötigt.

Vorbemerkung

Wie hat sich die Tonvorstellung der Kinder während der Arbeit mit tabDo! entwickelt? Können sie sich schon längere Passagen mit mehr Tönen vorstellen als auf Level 1? Ohne tabDo! und nur mit Hilfe ihrer Hand oder der Tonleiter-Kopiervorlage? Hier folgen weitere Liedanfänge von Liedern, die die Kinder zum Teil noch aus der Kindergartenzeit kennen. Damit lassen sich schöne „Hörspiel"-Aufgaben machen (Beispiele → Level 1, Etappenziel). Die Liste enthält Lieder, die ganz zu Anfang nur das Tonmaterial Do Re Mi Fa So bzw. So Do Re Mi Fa enthalten.

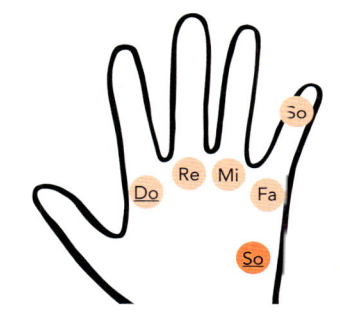

Am Brunnen vor dem Tore	So So Mi Mi Mi Mi Do Do Re Mi Fa Mi Re Mi
Eine kleine Geige	Do Re Mi Fa So Mi Fa Re Mi Do
Fuchs, du hast die Gans gestohlen	Do Re Mi Fa So So So So
Geh aus, mein Herz	So So Fa Mi Mi Mi Fa Mi Re Do
Good Night, Ladies	Mi Do So Do Mi Do Re Re Mi Do Fa Fa Fa Mi Mi Mi Re Re Do
Hänsel und Gretel	So Mi Fa So Mi Do Re Re Re Mi Do
Hört der Engel helle Lieder	Mi Mi Re Mi Mi So So Fa Mi Do
Ihr Kinderlein kommet	So So Mi So So Mi So Fa Re Fa Mi
In der Weihnachtsbäckerei	So Fa Mi Mi Re Re Do Re Mi Fa Fa Mi Mi Re
Jingle Bells (Refrain)	Mi Mi Mi Mi Mi Mi Mi So Do Re Mi / Fa Fa Fa Fa Fa Mi Mi Mi Mi Re Re Mi Re
Kommt ein Vogel geflogen	Mi Fa So Mi Mi Mi Re
Kuckuck, Kuckuck	So Mi So Mi Re Do Re Do
Summ, summ, summ, Bienchen, summ herum!	So Fa Mi Re Mi Fa Re Do
Vogelhochzeit	Mi So Mi So Mi Fa Re Fa Re Mi Do So Mi Re So So

Level 3

Selbsttest: Kleine Liedermacher – „CONRADs Reise" auf Level 3

Empfohlene Do-Position: beliebig

Wir lassen die Kinder nun „CONRADs Reise" mit den Tönen <u>Do</u> Re Mi Fa So vertonen und wenden die Techniken an, die wir auf diesem Level gelernt haben: Echo, Sequenzierung, Krebs.
Was zunächst sehr kompliziert klingt, kann auf die gleiche Weise, wie in den Bausteinen 5 bis 10 beschrieben, erarbeitet werden. Selbstverständlich ist dafür kein zeitlicher Rahmen vorgegeben.

Erarbeitung

❶ Zunächst erfinden wir einen Rhythmus, indem wir den Text sprechen und dann versuchen, ihn zu notieren. Rechts ein Beispiel:

❷ Dann nehmen die Kinder tabDo! und erarbeiten mit den Tönen <u>Do</u> Re Mi Fa So spielend eine Melodie.

❸ Im Anschluss können die Beispiele vorgesungen und -gespielt werden. Zusammen schauen wir uns dann die Kompositionen an.

Beispiel: Welche Kompositionstechnik hat dieses Kind bei seiner Komposition (im Beispiel rechts) verwendet? Die Melodie hat eine klare ABAC-Form und die Zeile 2 spiegelt die Zeile 1 ungefähr. Eine strenge Spiegelung wäre: So So Mi Mi Fa Fa Re / Re Fa Fa Mi Mi So So.
Aber offensichtlich hat das Kind das abgeändert zu So So Mi Mi Fa Fa Re / Re Re Fa Fa Mi So So. Und das klingt auch „logischer".

In der klassischen Notenschrift wäre das in D-Dur:

CON-RAD kommt an ei-nen Fluss, den er ü-ber-que-ren muss.

CON-RAD nimmt das C als Steg und geht wei-ter sei-nen Weg.

Neben der Kompositionsaufgabe zu „CONRAD" bieten weitere Hör-Etüden (→ S. 117) die Möglichkeit, zu prüfen, inwiefern die Kinder bereits eine innere Tonvorstellung entwickelt haben.

Liste weiterer geeigneter Lieder
(enthalten u. a. in den Liederbüchern SIM SALA SING 2019 ff. und SING & SWING 2014 ff.)

- ▶ **Big Big World**
  → z. B. SING & SWING
- ▶ **Der Herbst ist da**
  → z. B. SIM SALA SING
- ▶ **Down By the River**
  → z. B. SING & SWING
- ▶ **Jingle Bells,** Refrain
  → z. B. SIM SALA SING
- ▶ **Row Your Boat**
  → z. B. SING & SWING
- ▶ **Summ, summ, summ, Bienchen, summ herum**
  → z. B. SIM SALA SING
- ▶ **The Lion Sleeps Tonight**
  → z. B. SING & SWING
- ▶ **Un kilomètre à pied**
  → z. B. SIM SALA SING

Erwartungshorizont Level 3

Das haben die Kinder gelernt:

- ✔ den Ton Fa zu entdecken
- ✔ die Form einer Melodie zu erkennen und zu skizzieren
- ✔ in die Form hinein die Melodie Ton für Ton nachzubauen
- ✔ über einem Bass-Ostinato zu improvisieren
- ✔ den Nachbau der Melodie detailliert zu untersuchen
- ✔ Tongruppen als Melodiezellen zu erkennen
- ✔ Melodiezellen weiterzuentwickeln
- ✔ Melodien umzubauen
- ✔ Echos, Sequenzen und Symmetrien zu erkennen und umzusetzen
- ✔ ein Gedicht mit dem neu erworbenen Wissen zu vertonen, wie z. B. den „CONRAD"

Ein Portfolio für jedes Kind zum Ausdrucken findet sich im Anhang → S. 135.

Level 4 Klingende Töne: Do Re Mi Fa So La Ti

> Hier werden weitere Möglichkeiten erforscht, mit denen sich Melodien kunstvoll gestalten lassen. Die Reihenfolge der Bearbeitung der Bausteine kann frei gewählt werden. Grundsätzlich können wieder auch alle auf Level 1 vorgestellten Aufgabenformate wie: eine Melodie nachbauen, umbauen, neu bauen usw. ausgeführt werden. Die Reihenfolge der Bausteine ist frei wählbar.

Auf diesem Level werden die beiden Tongruppen von Level 2 und 3 vereinigt. Die Töne Do Re Mi Fa So La ergeben das sogenannte Hexachord (griechisch héx = sechs).

Der große Komponist und Kompositionslehrer Darius Milhaud (1892–1974) sagte: „Die Melodie ist nach meinem Dafürhalten die Grundlage aller Musik, besonders die melodische Kontinuität" (aus der Zeitschrift „Der Spiegel", Ausgabe 19/1950).

Tatsächlich kann man schon in den Kinderlied-Melodien grundlegende „Kompositionstechniken" erkennen, z. B. die Imitation. Die Musiktheorie spricht von **Imitation** (→ Glossar), wenn in mehrstimmiger Musik eine Melodiezelle oder auch eine längere melodische Linie in einer anderen Stimme wiederaufgenommen, imitiert wird. Die strengste Form dieser Imitation ist der **Kanon** (→ Glossar). Damit kommt man von der Einstimmigkeit zur Mehrstimmigkeit und befindet sich in den Sphären von Kontrapunkt und Harmonielehre, von denen die Kinder jedoch zunächst nichts verstehen müssen. Was aber Imitationen sind, das verstehen die Kinder ohne weiteres, weil sie leicht zu hören sind. Thematisch kann also direkt an das vorige Level 3 angeknüpft werden: Dort haben die Kinder die Sequenztechnik kennengelernt, die man auch „Selbst-Imitationen" einer Melodiezelle nennen könnte.

Einstieg: Einstimmigkeit und Mehrstimmigkeit unterscheiden — Für diesen Baustein wird kein tabDo! benötigt.

Erarbeitung

Als Einstieg in das Thema eignet sich z. B. folgende Fragestellung: „Wenn vor einem Bundesliga-Fußballspiel in einem Stadion 40 000 Fans die Vereinshymne singen, wieviel-stimmig ist das?"
Wahrscheinlich antworten viele Kinder: „40 000-stimmig." Aber es kann auch passieren, dass schon im ersten Schuljahr ein Kind stutzt und sagt: „Das ist einstimmig."

Damit können wir zur Definition von Einstimmigkeit und Mehrstimmigkeit übergehen. Der Sprachgebrauch legt fest: Einstimmigkeit ist gegeben, wenn eine unbegrenzte Anzahl an Menschen eine Melodie singt. Zweistimmig bedeutet: Mindestens zwei Menschen singen je eine andere Stimme. Ganz entsprechend ist es mit der Drei- und Vierstimmigkeit.

Um dies anhand von Musik nachzuvollziehen, können Aufgaben folgen wie z. B.:

- Ein Kind spielt ein leichtes zweistimmiges Stück aus einer Anfängerklavierschule vor.
- Ein Lied wird zweistimmig einstudiert: Die Klasse singt die Melodie, die Lehrkraft spielt oder singt die Basstöne der Begleitakkorde dazu.
- Zweistimmige Inventionen von J. S. Bach werden angehört.

Baustein 1

Teil A: Einstimmige Melodien, Imitationen und Kanon (Mehrstimmigkeit)

Baustein 1: Mit einer Liedmelodie spielen (Wiederholung)

Empfohlene Do-Position: Do auf **D**

Vorbemerkung

In diesem Baustein kommt das Pfeifen zum Einsatz. Wer eine Melodie pfeift, konzentriert sich bewusster auf die einzelnen Töne. Gerade weil sich die Kinder beim Pfeifen selber besser zuhören und korrigieren können als beim Singen, eignet sich diese Handlungsweise hervorragend, um die innere Tonvorstellung zu entwickeln. Als Beispiel dient das leicht veränderte „ABC-Lied".

Erarbeitung

ABC-Lied

Text u. Musik: überliefert
Textänderung: Herbert Schiffels

❶ Zunächst wird das „ABC-Lied" mit den Kindern so geübt, dass sie es sicher singen können. Die Melodie des Lieds ist den Kindern vielleicht bereits von „Morgen kommt der Weihnachtsmann" oder „Twinkle, Twinkle Little Star" bekannt. In der hier abgedruckten Version wurde der bekannte Text etwas geändert, um mit einem schöneren Reim zu enden.

❷ Dieses Lied können wir nun in bereits bekannter Form erarbeiten und damit spielen: die **Melodie nachbauen** (→ Glossar) und auf dem Hand-Bildschirm spielen, die Melodie in der eigenen Hand (oder auf die Tonleiter-Kopiervorlage
→ Anhang, S. 138) spielen und die Töne singen, die Melodie in die Hand (oder auf die Tonleiter-Kopiervorlage) tippen und die Töne denken, die Melodie auf einem anderen Bildschirm (Hand- oder Tonleiter-Bildschirm) spielen. Als Hilfe dient wieder die vereinfachte Notation, wie oben dargestellt.

Level 4

❸ In einem weiteren Schritt versuchen die Kinder das Lied zur Begleitung (Klavier oder Gitarre) zu pfeifen. Das ist eine eher „sportliche" Kompetenz und weckt oft großen Ehrgeiz. Dabei haben wir den Nebeneffekt, dass die Kinder feinmotorische Techniken durch ihr Gehör kontrolliert entwickeln.

Aufführungsidee: Durch die Textänderung eignet sich das Stück auch hervorragend als kleines Theaterstück. Jedem Kind wird ein Buchstabe zugeordnet, das diesen in großer Schrift auf einem Blatt Papier aufgemalt hat und sichtbar vor dem Körper hält. Während die Kinder das Lied nun singen, kommen die Buchstaben nach und nach auf die Bühne und stellen sich nebeneinander auf. So wird das gesamte Alphabet sichtbar.

Baustein 2: Imitationen in einem Kinderlied entdecken

Empfohlene Do-Position:
Do auf **D**

Vorbemerkung

Zunächst: Die Kinder sind vor allem dann bereit, sich genauer mit einem Lied zu beschäftigen, wenn das Lied emotional positiv besetzt ist. Wenn man sich also mit dem Lied „Auf der Mauer, auf der Lauer" (auch in SIM SALA SING) beschäftigen möchte, ist es zum Beispiel hilfreich, sich mit den Kindern zu überlegen, weswegen die Wanze wohl auf der Lauer sitzt. Worauf wartet sie? Versteckt sie sich gar? Manchen Kindern muss vielleicht auch erklärt werden, was „auf der Lauer sitzen" überhaupt bedeutet. So beschäftigt man sich ganz nebenbei sehr intensiv mit dem Lied und dessen Inhalt, bevor es darum geht, sich die „Kompositionstechnik" anzuschauen.

Auf Level 3 haben die Kinder inzwischen einiges über Techniken, wie mit Melodien umgegangen werden kann, gelernt, z. B. haben sie sich mit Sequenzen beschäftigt. Diese können auch als Imitationen bezeichnet werden, die zwar nicht auf verschiedene Stimmen verteilt werden, sondern innerhalb einer Stimme, der Liedmelodie, stattfinden. Diese „Selbst-Imitationen" versuchen die Kinder nun in dem Lied „Auf der Mauer, auf der Lauer" wiederzuerkennen. Dabei wird deutlich, dass Dinge eher auffallen können, wenn das entsprechende Hintergrundwissen darüber vorhanden ist: Wissen öffnet Wahrnehmungskanäle.

Erarbeitung

Auf der Mauer, auf der Lauer

Text u. Musik: überliefert

A₁ 1. Auf der Mau-er, auf der Lau-er sitzt 'ne klei-ne Wan-ze.

A₂ Auf der Mau-er, auf der Lau-er sitzt 'ne klei-ne Wan-ze.

B Seht euch nur die Wan-ze an, wie die Wan-ze tan-zen kann!

A₁ Auf der Mau-er, auf der Lau-er sitzt 'ne klei-ne Wan-ze.

2. ... Wanz ... tanz   4. ... Wa ... ta   6. ...
3. ... Wan ... tan   5. ... W ... t

Baustein 2

❶ Die Kinder bauen „Auf der Mauer, auf der Lauer" nach und notieren die Melodie in gewohnter Form (siehe Beispiel rechts).

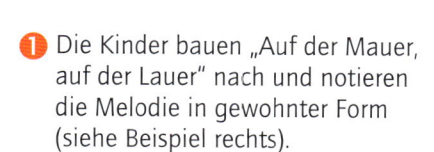

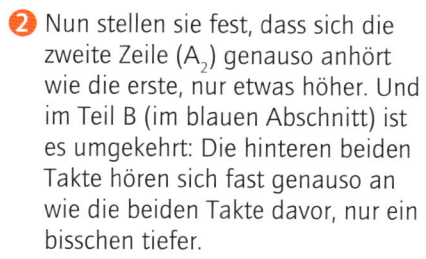

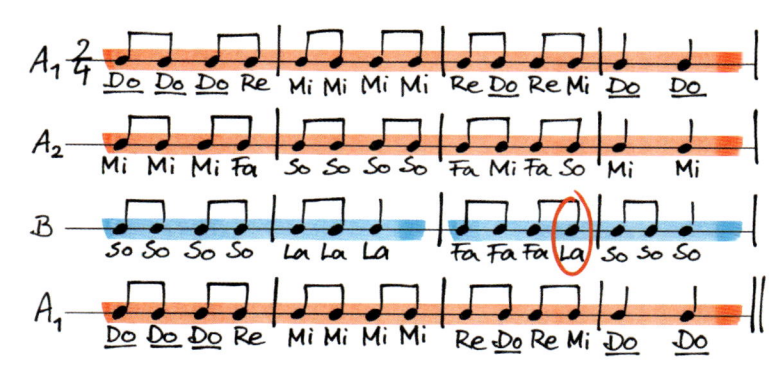

A_1 $\frac{2}{4}$ Do Do Do Re | Mi Mi Mi Mi | Re Do Re Mi | Do Do |

A_2 Mi Mi Mi Fa | So So So So | Fa Mi Fa So | Mi Mi |

B So So So So | La La La | Fa Fa Fa (La) | So So So |

A_1 Do Do Do Re | Mi Mi Mi Mi | Re Do Re Mi | Do Do ||

❷ Nun stellen sie fest, dass sich die zweite Zeile (A_2) genauso anhört wie die erste, nur etwas höher. Und im Teil B (im blauen Abschnitt) ist es umgekehrt: Die hinteren beiden Takte hören sich fast genauso an wie die beiden Takte davor, nur ein bisschen tiefer.

Diese Art der Bewegung haben wir auf Level 3 als **Sequenzen** (→ Glossar) kennengelernt und als „Gleitflug" bezeichnet. Man könnte sie aber auch **Imitation** (→ Glossar) nennen: Die Melodiezelle gleitet zwei Töne aufwärts von A_1 nach A_2 und in Teil B gleitet die Melodie von den ersten zwei Takten zu den nächsten beiden Takten einen Ton abwärts, allerdings mit einem kleinen „Knick" in der Linie, das ist der Ton La. Wenn man ihn ersetzen würde durch Fa, dann wäre die Imitation perfekt, würde aber vielleicht nicht so interessant klingen.

Hinweis: Je nach Alter und Entwicklungsstand werden Sie sich entscheiden, von dem Wort „Gleitflug" überzugehen zum Terminus „Sequenz".

❸ Es ist von Vorteil, dass man bei dieser Art der Notation (vereinfachte Notation) das Auf und Ab der Töne nicht sehen kann wie in der klassischen Notenschrift. So ist man gezwungen genau hinzuhören. Es lohnt sich aber gerade bei Liedern mit Sequenzen zum Vergleich die klassische Notenschrift genauer anzuschauen. Dann sehen die Kinder die Sequenzen durch das Auf- und Absteigen der Melodielinie, auch wenn sie noch nicht Noten lesen können.

Aufführungsidee: Auch hier kann man das Lied gut zur Aufführung bringen. Hierfür versieht man einzelne Kinder mit den Buchstaben W, A, N, Z und E (wenn man möchte, kann man zusätzlich auch das Wort „tanzen" auf die Kinder verteilen). Jedes Mal, wenn die Wanze im Lied einen Buchstaben verliert (Strophe 2–5), geht ein Kind von der Bühne. Ist nun die ganze Wanze von der Bühne verschwunden, fragt man zuletzt (nach der Strophe 6) ins Publikum: „Was ist mit der Wanze los?" (Text dafür → nebenstehender Kasten), dann lässt man die Buchstaben wieder einmarschieren und der ganze Saal singt mit, wenn die erste Strophe zum Abschluss wiederholt wird.

> Was ist mit der Wanze los?
> Sagt mir nur, wo ist sie bloß?
> Ist sie jetzt in großer Not?
> Ist sie vielleicht sogar tot?
> Oder hat sie sich versteckt?
> Weil sie uns ein bisschen neckt?
> Ruft mal ganz laut 1 2 3
> (das Publikum: „1 2 3")
> Wanze! Wanze! komm herbei!

Level 4

Baustein 3: Einen Kanon analysieren und erarbeiten

Empfohlene Do-Position: Do auf **F**

Vorbemerkung

Das Thema **Kanon** (→ Glossar) wird an zwei bekannten und einfachen Stücken erarbeitet: Der kurze Text des „Bruder Jakob" ist in so viele Sprachen passend zur Melodie übersetzt worden, dass man wirklich sagen kann: Dieser Kanon ist weltbekannt. Allein das ist Grund genug, ihn mit den Kindern einzustudieren. „Oh, wie wohl ist mir am Abend" ist ein älteres und sehr weit verbreitetes Volkslied, das sich hervorragend als dreistimmigen Kanon im Dreiermetrum eignet.

Bruder Jakob (Beispiel 1)

Text u. Musik: überliefert

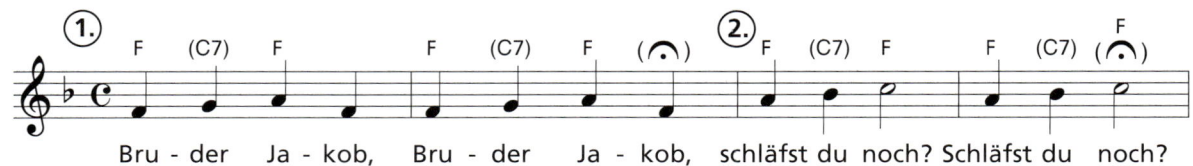

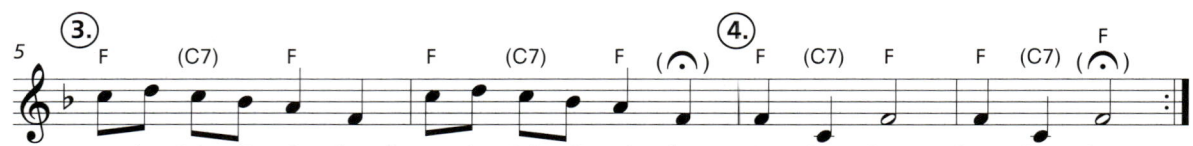

1. Bru-der Ja-kob, Bru-der Ja-kob, schläfst du noch? Schläfst du noch?
2. Hörst du nicht die Glo-cken, hörst du nicht die Glo-cken? Ding ding dong, ding, ding, dong.

Erarbeitung

❶ Kompositionsprinzipien erkennen: Zuerst bauen wir die Melodie nach und schreiben das Ergebnis in der vereinfachten Notation auf. Dabei bemerken wir folgende Dinge:
In allen vier Abschnitten wird der erste Takt im folgenden Takt genau wiederholt. Auf Level 3 haben wir gelernt, dass diese Kompositionstechnik „Echo" heißt.

- Die Melodiezelle in Zeile 2 ist ganz ähnlich wie die in Zeile 1.
- Zeile 3 ist den Zeilen 1 und 2 nicht ähnlich.
- Zeile 4 hat eine ganz einfache Melodiezelle, da läuten nur die beiden Glocken Do und So.

❷ Kanon singen: Bevor wir das Lied als Ganzes im Kanon singen, sind ein paar Vorübungen sinnvoll:

- Wir singen erstmal nur einzelne Zeilen gleichzeitig. Dazu teilen wir die Kinder in zwei Gruppen. Gruppe 1 wiederholt immer wieder die erste Liedzeile, Gruppe 2 die zweite. Klappt das gut, kann man ein dritte und später eine vierte Gruppe hinzunehmen. So erklingt der Kanon, die Kinder bekommen ihn ins Ohr, werden jedoch nicht aus der Bahn geworfen, weil sie einen überschaubaren Abschnitt des Lieds immer wiederholen. Wenn die Kinder dabei die Töne in die Hand tippen (oder auf die Tonleiter-Kopiervorlage → Anhang, S. 138), dann ist das eine weitere Stütze.
- Wenn das gut funktioniert, versuchen wir, die ganze Melodie in zwei Gruppen, später dann in drei oder vier zu singen.
- Ist eine Gruppe noch unsicher, kann sie sich auf die Zeile 4 beschränken, sozusagen als Ostinato.

Baustein 3

Hinweis: Es kann sein, dass die Kinder besonders laut singen oder gar schreien, um ihre Stimme gegen die anderen gut zu hören und halten zu können. Dabei ist es gerade beim mehrstimmigen Singen wichtig, die anderen Stimmen gleichzeitig zum eigenen Singen zu hören, um ein gemeinsames Metrum halten zu können. Sagen Sie den Kindern also, dass sie möglichst leise singen. Die Gruppen in verschiedenen Ecken des Raums aufzustellen, kann ebenfalls sehr hilfreich sein.

Oh, wie wohl ist mir am Abend (Beispiel 2)

Text u. Musik: überliefert

[Notenbeispiel mit drei Stimmen:]
1. Oh, wie wohl ist mir am A - bend,
2. mir am A - bend, wenn zur Ruh die Glo - cken läu - ten, Glo - cken läu - ten.
3. Bim, bam, bim, bam, bim, bam.

So ist das Lied im www.lieder-archiv abgedruckt. Wie häufig, wurde die Aufteilung der Takte offensichtlich nach Gesichtspunkten des Drucksatzes vorgenommen, nicht nach dem Höreindruck. Bei der vereinfachten Notation soll aber auch optisch die Dreiteiligkeit des Stücks wiedergegeben werden. Ob man die Melodie im 3/8- oder 6/8-Takt notiert, spielt für das Klangergebnis keine Rolle.

Erarbeitung

❶ Zuerst bauen wir wieder, wie gewohnt, die Melodie nach und schreiben das Ergebnis in der vereinfachten Notation auf. Dabei bemerken wir folgende Dinge:

[Notation mit Startzelle und Echo (Wdh.):]
① Du di Du di Du di Du da di | Du di Du da di
   Do Re Mi Do Fa Mi Mi Re Do Fa Mi Mi Re Do
② Mi Fa So Mi La So So Fa Mi La So So Fa Mi
③ Do Do Do Do Do Do

- Anders als das vierstimmige „Bruder Jakob" ist „Oh, wie wohl ist mir am Abend" dreistimmig.
- Wie beim Wanzen-Lied hören wir die zweite Zeile als Sequenz oder Imitation der ersten Zeile.
- Die letzten beiden Takte der ersten und zweiten Zeilen sind jeweils gleich (Echo).
- Wie bei „Bruder Jakob" hat die letzte Zeile keine richtige Melodiezelle, das Do bedeutet nur das „Bim-bam" einer einzelnen Glocke.

❷ Auch diesen Kanon können wir einstudieren. Das schrittweise Vorgehen finden Sie wieder in Beispiel 1.

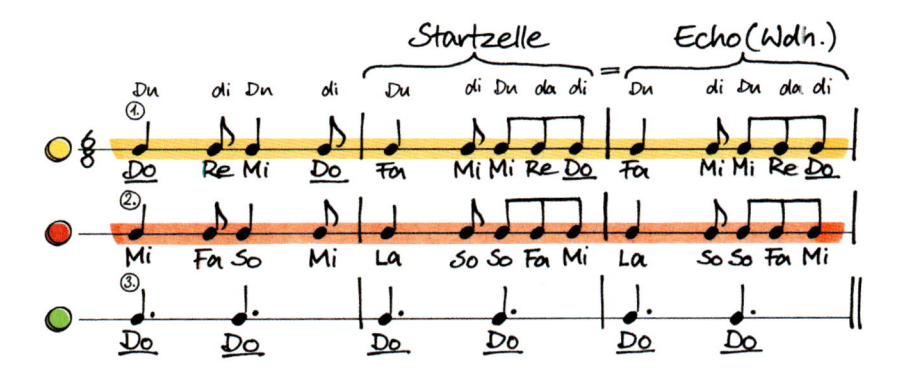

tabDo! · HELBLING

Level 4

Teil B: Imitation von Melodiezellen (für höhere Klassen)

Baustein 4: Melodiezellen durch Imitation weiterentwickeln

Empfohlene Do-Position: beliebig

Vorbemerkung

In diesem Baustein lernen die Kinder, wie Melodiezellen mithilfe des Imitationsprinzips weiterentwickelt werden.

Erarbeitung

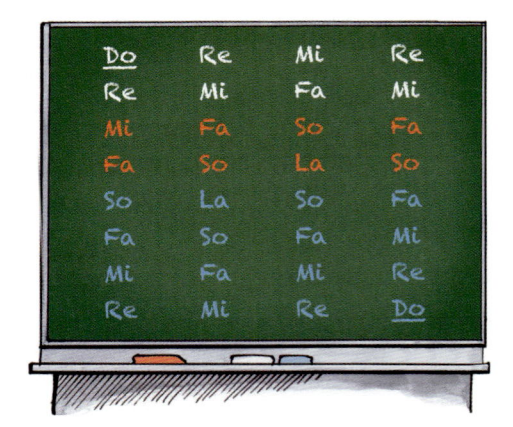

① Wir schreiben die ersten beiden Zeilen an die Tafel und überlegen, wie die Zellen sich bis zum La vermutlich „fortpflanzen" werden. Wenn sie sich genauso entwickeln, wie sie begonnen haben, dann ergeben sich die Zeilen 3 und 4 (rot). Das erinnert an den Baustein 9 auf Level 3 (→ S. 64): Das sind Sequenzen.

② In Baustein 10 auf Level 3 hatten wir den Krebsgang kennengelernt. Wenn wir diese Kompositionstechnik hier anwenden, dann ergeben sich die Zeilen vom La zurück zum Do in den Zeilen 5–8 (blau). Das ist quasi die Melodiezelle im Rückwärtsgang.

③ Bevor wir nun spielen, was wir aufgeschrieben haben, brauchen wir zusätzlich zu den Tönen noch einen Rhythmus. Stellen wir uns die Zeilen in 3/4-Takten vor:

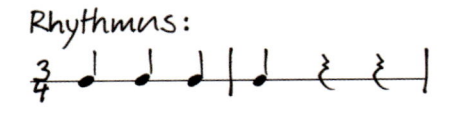

④ Jetzt spielen wir die Tonfolgen abwechselnd mit dem Zeigefinger der linken und der rechten Hand links und rechts der Schiebeleiste auf dem Tonleiter-Bildschirm und üben dabei gleichzeitig das Spielen mit zwei Schlägeln auf dem Xylofon.

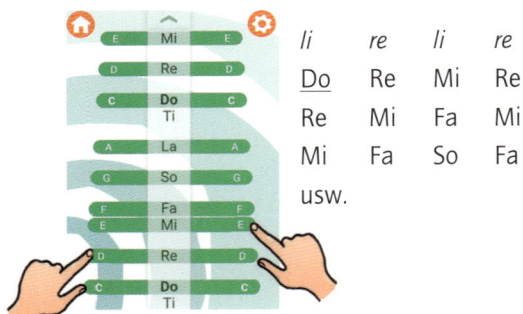

	li	re	li	re
	Do	Re	Mi	Re
	Re	Mi	Fa	Mi
	Mi	Fa	So	Fa
	usw.			

⑤ Die Kinder erfinden nun selbst weitere derartige „Zell-Entwicklungen".

Beispiel 1: Wir lassen die Randtöne Do und So stehen und verändern nur den zweiten Ton: Wenn wir also beginnen mit: Do Re So / Do Mi So /... dann würde sich über dem untenstehenden Rhythmus die Linie so entwickeln:

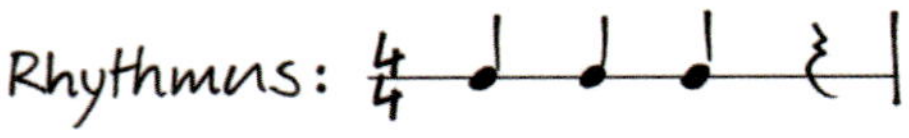

Baustein 4

Beispiel 2: Hier gehen wir vor wie im Beispiel 1, wählen aber einen etwas schwierigeren Rhythmus:

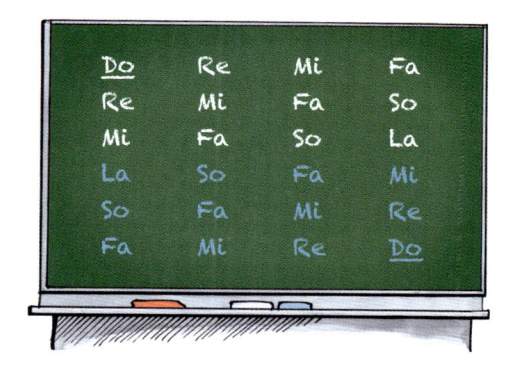

Rhythmus: 4/4 ♩ ♫ ♩ 𝄽

Do	Re	Mi	Fa
Re	Mi	Fa	So
Mi	Fa	So	La
La	So	Fa	Mi
So	Fa	Mi	Re
Fa	Mi	Re	Do

Beispiel 3 ohne „Krebsgang":
Angeregt durch die Vorstellung einer sich schließenden Schranke könnte man auf die Idee kommen, die Bewegung musikalisch zu illustrieren, z. B. so:

Do	La	So	Schranke ist oben
Do	So	Fa	Schranke senkt sich
Do	Fa	Mi	
Do	Mi	Re	
Do	Re	Do	Schranke geschlossen

Zusatzaufgabe: Und was wäre der Krebsgang? Die Schranke geht wieder auf.

Level 4

Selbsttest: Kleine Liedermacher – „CONRADs Reise" auf Level 4

Empfohlene Do-Position: beliebig

Wir lassen die Kinder nun „CONRADs Reise" mit den Tönen Do Re Mi Fa So La vertonen und wenden die Techniken an, die wir bisher gelernt haben (Sequenz, Echo, siehe auch Level 3). Zur Abwechslung verwenden wir ein Dreiermetrum.

Erarbeitung

① Die Kinder nehmen tabDo! und erarbeiten mit den Tönen spielend eine Melodie.

② Dann stellen wir diese Melodie an der Tafel mithilfe der vereinfachten Notation dar.
Beispiel rechts: Das Kind, das sich diese Melodie ausgedacht hat, darf zunächst beschreiben, was es sich gedacht hat. Danach dürfen auch die anderen Kinder sagen, was ihnen an der Melodie auffällt.
Das Kind hat viel „kompositorischen Sachverstand" komponiert: Die Zeile 1 wird in Zeile 2 exakt sequenziert, in Zeile 3 ebenso, aber mit einer kleinen gelungenen Veränderung zum Ton La hin, um dann in Zeile 4 schrittweise wieder zum Do zurückzukehren.

In klassischer Notenschrift wäre das in D-Dur:

CON - RAD kommt an ei - nen Fluss, den er ü - ber - que - ren muss.

CON - RAD nimmt das C als Steg und geht wei - ter sei - nen Weg.

Neben der Kompositionsaufgabe zu „CONRAD" bieten weitere Hör-Etüden (→ S. 117) die Möglichkeit, zu prüfen, inwiefern die Kinder bereits eine innere Tonvorstellung entwickelt haben.

Liste weiterer geeigneter Lieder

(enthalten u. a. in den Liederbüchern SIM SALA SING 2019 ff. und SING & SWING 2014 ff.)

- Alle Vögel sind schon da
  → z. B. SIM SALA SING
- Am Brunnen vor dem Tore
  → z. B. SING & SWING
- Banuwa-Round
  → z. B. SING & SWING
- Coins Are Round
  → z. B. SING & SWING
- Das Clowngesicht
  → z. B. SIM SALA SING
- Der Kuckuck und der Esel
  → z. B. SIM SALA SING
- Der Mond ist aufgegangen
  → z. B. SIM SALA SING
- Hurra, ich bin ein Schulkind
  → z. B. SIM SALA SING
- Schon auf dem Weg
  → z. B. SIM SALA SING
- Es ist für uns eine Zeit angekommen
  → z. B. SING & SWING
- Hambani kahle
  → z. B. SIM SALA SING
- Hört der Engel helle Lieder
  → z. B. SING & SWING
- I am Sailing
  → z. B. SING & SWING
- I Shall Sing
  → z. B. SING & SWING
- I Still Haven't Found What I'm Looking for
  → z. B. SING & SWING
- Ihr Kinderlein kommet
  → z. B. SIM SALA SING
- Jetzt ist es Zeit zu singen
  → z. B. SING & SWING
- Kommt und lasst uns tanzen
  → z. B. SIM SALA SING
- Lasst uns froh und munter sein
  → z. B. SIM SALA SING
- Miteinander
  → z. B. SING & SWING
- Oh, Susanna
  → z. B. SING & SWING
- Peace to the World
  → z. B. SING & SWING
- Tiritomba
  → z. B. SIM SALA SING
- Yellow Submarine
  → z. B. SING & SWING

Erwartungshorizont Level 4

Das haben die Kinder gelernt:

- ✔ sich im Hexachord Do Re Mi Fa So La zurechtzufinden
- ✔ ein Lied zu pfeifen
- ✔ Imitationen in Kinderliedern zu entdecken
- ✔ immer selbstständiger Melodien nachzubauen
- ✔ die Konstruktion eines Kanons zu untersuchen
- ✔ im Kanon zu singen
- ✔ immer differenzierter Melodiezellen zu entwickeln
- ✔ ein Gedicht mit dem neu erworbenen Wissen zu vertonen, wie z. B. den „CONRAD"

Ein Portfolio für jedes Kind zum Ausdrucken findet sich im Anhang → S. 136.

Level 5   Klingende Töne: Do Re Mi Fa So La Ti

Hinweis: Ab diesem Level ist auch die Verwendung des Noten-Bildschirms möglich.

> Schwerpunkt dieses Levels ist die durch die sieben Töne der Diatonik entstandene Ausprägung der Tongeschlechter Dur und Moll. Grundsätzlich können wieder alle Aufgabenformate wie: eine Melodie nachbauen, umbauen, neu bauen usw. ausgeführt werden. Die Reihenfolge der Bausteine ist frei wählbar.

Mit dem auf diesem Level 5 zusätzlichen neuen Ton Ti kann nun die vollständige diatonische Durtonleiter (sowie die natürliche Molltonleiter) genutzt werden: Do Re Mi Fa So La Ti Do.
Außerdem wird das Tonbewusstsein weiterentwickelt. Dazu erkunden die Kinder ganz intensiv häufig auftretende Kompositionsmerkmale und verfeinern so ihre Wahrnehmung für musikalische Details.

Einstieg: Die diatonische Tonleiter auf Instrumenten nachvollziehen — Für diesen Baustein wird kein tabDo! benötigt.

Vorbemerkung
Um sich der diatonischen Tonleiter anzunähern, beschäftigen sich die Kinder mit zwei (bekannten) Instrumenten, auf denen der schrittweise Aufbau der Tonleiter besonders anschaulich und sichtbar wird.

Erarbeitung

❶ Erzählen Sie die Geschichte aus der altgriechischen Sagenwelt:

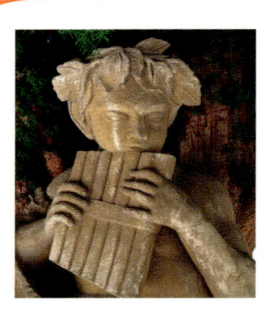

> ## Pan und Syrinx
> *Der Hirtengott Pan war unsterblich verliebt in die Nymphe Syrinx. Syrinx aber mochte Pan gar nicht und floh vor ihm. Am Fluss Ladon endete ihre Flucht und sie verwandelte sich in Schilfrohr. Pans Seufzer zogen durch das Rohr und wie von Zauberhand entstanden wunderbare Melodien. Da schnitt Pan sieben Röhren ab, verknüpfte sie mit Wachs und erfand so die Panflöte. Und es heißt, dass er darauf wunderschöne, ergreifende Melodien spielen konnte.*

❷ Nach dieser Geschichte kann z. B. an die Alltagserfahrungen der Kinder angeknüpft werden: Bestimmt haben einige von ihnen schon einmal Panflöte-spielende Straßenmusiker gesehen. Mithilfe eines Bilds können wir uns dieses Instrument einmal genauer anschauen: Die Panflöte hat sieben Pfeifen, die durch ihre unterschiedlichen Längen verschiedene Tonhöhen erzeugen (je kürzer die Pfeife, desto höher der Ton).

❸ Zum Vergleich bietet es sich an, das Instrument Blockflöte vorzustellen, das sicherlich schon einige Kinder in der Klasse spielen. Anders als die Panflöte benötigt die Blockflöte nur ein Rohr, auf dem man mit den Fingern die „Tonsäule" verkürzen oder verlängern kann. Auf diese Weise lassen sich alle Töne vom Do (= C auf der C-Flöte) zum Ti (= H) spielen. Durch das Verdecken aller Löcher erzeugt man z. B. den tiefsten Ton.

❹ Als Höreindruck kann auch eine Aufnahme von Claude Debussys Komposition „Syrinx" für Flöte solo vorgespielt werden. Debussy nannte das Stück ursprünglich „La Flûte de Pan". Vielleicht regt das einige Flötenkinder in der Klasse zu „Improvisationen à la Pan" an.

Baustein 1

Teil A: Die beiden Rollen des Ti, Wort-Ton-Verhältnis

Baustein 1:
Den Ton Ti als Leitton empfinden

Empfohlene Do-Position:
Do auf **F**

Vorbemerkung

In diesem Baustein lernen die Kinder den noch fehlenden Ton Ti kennen.
In der Abbildung rechts sieht man, wo er in der Hand positioniert ist.

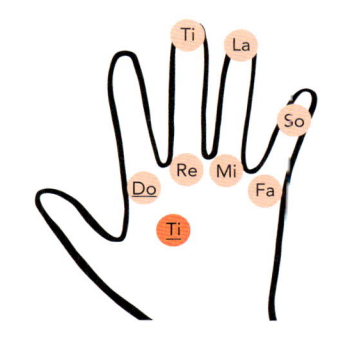

Auf Level 2 wurde von der für das Improvisieren unproblematischen Pentatonik gesprochen. Unproblematisch ist sie deshalb, weil die Halbtonschritte Mi-Fa und Ti-Do fehlen. Mit Fa und Ti zu improvisieren erfordert ein fortgeschrittenes Gehör, denn die beiden Töne klingen manchmal so, als wollten sie unbedingt nach unten oder oben. Diesen Drang z. B. von Ti nach Do können die Kinder im Lied „Kommt ein Vogel geflogen" sehr gut hören.

Erarbeitung

Kommt ein Vogel geflogen

Text u. Musik: überliefert

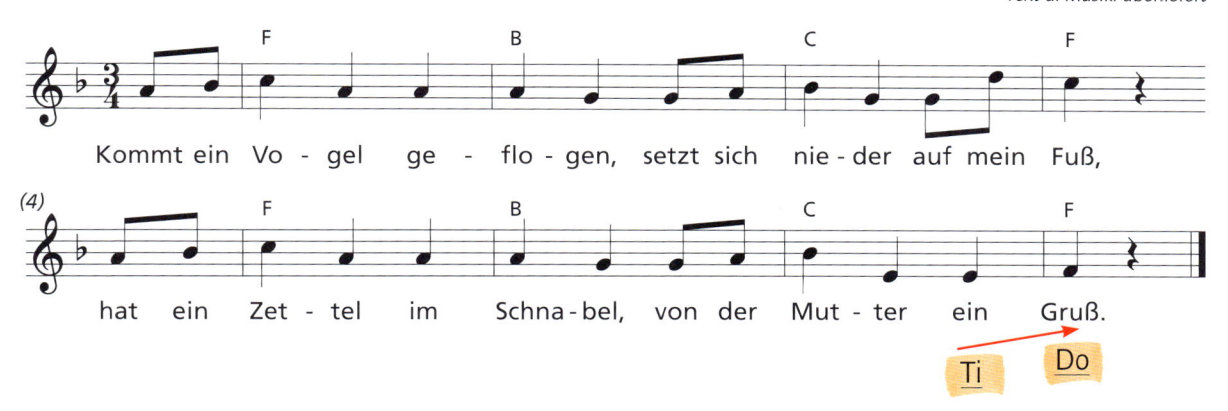

Kommt ein Vo-gel ge-flo-gen, setzt sich nie-der auf mein Fuß,

hat ein Zet-tel im Schna-bel, von der Mut-ter ein Gruß.

Ti Do

❶ Zunächst singen wir das Lied gemeinsam. Dann lenken wir unsere Aufmerksamkeit auf die letzten beiden Töne. Wie klingt das? Manche Kinder hören hier vielleicht schon, dass der Ton Ti wie ein „Leitton" zum Do nach oben „leitet".

❷ Um das Tongeschehen ins Bewusstsein zu heben, bauen wir die Melodie auf einem beliebigen Bildschirm nach (Anfangston Mi = A). Wenn wir die letzte Zeile ändern zu „Re Mi Fa **Re Re Do**" und das vergleichen mit „Re Mi Fa **Ti Ti Do**", dann wird hörbar, welche Spannung zwischen Ti und Do im Gegensatz zur Version mit Re und Do entsteht: Das Ti zieht deutlich nach oben zum Do. Damit wird ein Schlussgefühl erzeugt, das wir durch unser bereits entwickeltes Grundton-Gefühl hier deutlich spüren können.

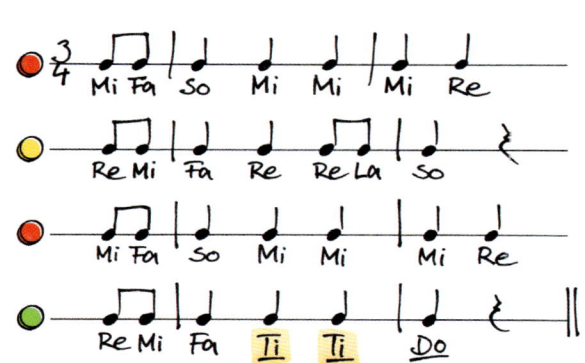

Level 5

❸ Sobald die Kinder das Lied ganz sicher auf tabDo! nachbauen können, versuchen wir es einmal ohne die App: Wir singen das Lied und tippen die Töne in unsere linke Hand bzw. auf die Tonleiter-Kopiervorlage (→ Anhang, S. 138). Zur Kontrolle kann ein Kind die Töne auf eine an die Tafel vergrößerte gemalte Hand tippen. Die anderen singen und prüfen, ob die richtigen Töne angetippt wurden.

Baustein 2: Den Ton Ti als Durchgangston kennenlernen

Empfohlene Do-Position: Do auf **D**

Vorbemerkung

Anders als im vorigen Baustein hört man beim Nachtwächterlied „Hört, ihr Herrn und lasst euch sagen" ganz deutlich, dass man das Ti nicht grundsätzlich als „Leitton" definieren kann. Denn dieses Ti hier verspürt keinerlei Drang zum Do, sondern fügt sich ganz unauffällig in die große Abwärtsbewegung ein.

Erarbeitung

Hört, ihr Herrn und lasst euch sagen

Ti Ti → La   Text u. Musik: überliefert

Baustein 3

❶ Auch hier singen wir das Lied zunächst und achten dann besonders auf die Abwärtsbewegung, in die das Ti (Takt 3) integriert ist.

❷ Dann bauen wir die Melodie nach und machen uns bewusst, dass das Ti überhaupt nicht den Eindruck macht, als wolle es „leittönig" zurück nach Do. Damit haben wir ein Gegenbeispiel zu „Kommt ein Vogel geflogen".

❸ Dieses Nachtwächterlied ist ein schönes Beispiel für eine Melodie, die von Do bis Do die gesamte Durtonleiter verwendet: In Abschnitt 2 und 4 (rot und grün → Notation rechts) bewegt sich die Melodie stufenweise abwärts. Hier können wir den Kindern zeigen, dass Tonleitern nicht nur nach oben gerichtet sein müssen, sondern dass beide Bewegungsrichtungen möglich sind.

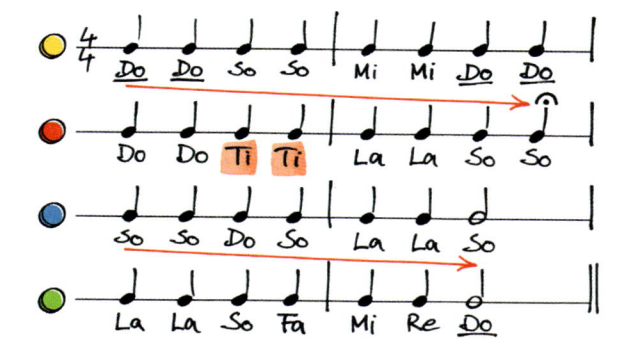

❹ Als nächstes schauen wir auf den ersten Abschnitt (Do Mi So). Erinnert uns die Tonfolge an etwas? Es sind die Töne der Fanfare, mit der wir auf Level 1, Teil D (→ S. 30) gespielt haben. Möglicherweise vermittelt uns der Komponist damit, dass der Nachtwächter sein Lied wie eine Fanfare gestaltet, die mit ihrer Signalwirkung die Aufmerksamkeit der Leute auf sich zieht. Man könnte sich sogar vorstellen, dass er auf einer Fanfare spielt, bevor er singt.

Hinweis: Damit haben wir schon erste Beispiele für die Beziehung zwischen Text und Musik erarbeitet. Weitere finden sich im folgenden Baustein.

Baustein 3: Text, Melodie und Gesang in Beziehung bringen

Für diesen Baustein wird kein tabDo! benötigt.

Erarbeitung

Rund um das Nachwächterlied können selbst mit Grundschulkindern weitere Themen angeschlossen werden, ohne sie zu überfordern. Das zeigen die folgenden Beispiele.

❶ Die Melodie ist rhythmisch völlig uninteressant. Man hat daher nicht den Eindruck, dass der Komponist besonders einfallsreich war. Könnte dieser einfache Melodierhythmus einen Grund haben? Mit dieser Frage wird auf einfachem Niveau bereits das Thema **Wort-Ton-Verhältnis** (→ Glossar) wie in höheren Klassenstufen z. B. bei Schubert-Liedern behandelt. Die Kinder werden selber auf die Antwort kommen:

- Der Nachtwächter soll keine Lieder singen, sondern die Uhrzeit verkünden. Deshalb hat die Melodie keinen richtigen Rhythmus, sonst würde man ihn von weitem nicht verstehen.
- Vermutlich spricht der Nachtwächter mehr, als dass er singt. Auch damit könnte man die sehr einfache Rhythmik (nur Viertel) und Textverteilung (auf jeden Ton eine Silbe) erklären. Es ist eine Art Sprechgesang.

❷ Daran schließt sich eine weitere Frage an: Wenn der Nachtwächter singt wie notiert, käme er außer Atem, denn nirgendwo ist eine Pause notiert. Wie führt er das Lied wohl aus? Die Antwort könnte sein, dass der Nachtwächter die Melodie

- wohl sehr frei singt, also nicht in einem gleichbleibenden Metrum.
- im natürlichen Sprechrhythmus singt. Hier bietet sich die Gelegenheit, die **Fermate** (→ Glossar) einzuführen und in das Notenbeispiel einzutragen (wie beispielhaft oben rechts am Ende der zweiten Zeile gezeigt).
Die Fermate gibt den Singenden die Freiheit, den Ton (oder die Pause) nach eigenem Empfinden auszuhalten.

Level 5

❸ Um die Kinder noch tiefer an das Thema Musikhören heranzuführen, lohnt sich ein Vergleich mit der berühmten „Nachtwächterstelle" aus Richard Wagners Oper „Die Meistersinger von Nürnberg". Hier führt ein direkter Weg vom einfachen Volkslied zu „großer Oper". Für das Verständnis reicht völlig aus, das Volkslied zu kennen. Zunächst hören wir den Ausschnitt aus der Oper gemeinsam an (möglichst ohne Bild, um die Konzentration nur auf die Musik zu lenken). Es findet sich leicht auf YouTube mit den Suchworten „Nachtwächterlied" und „Wagner". Daran schließt sich die Frage an, was die Kinder aus unserem volkstümlichen Nachtwächterlied hier wiedererkennen: Was ähnelt sich? Was unterscheidet die beiden Lieder? Folgende Antworten können herausgearbeitet werden:

> Hört, ihr Leut, und lasst euch sagen:
> die Glock hat Eilfe geschlagen.
> Bewahrt euch vor Gespenstern und Spuk,
> dass kein böser Geist eur' Seel beruck'!
> Lobet Gott, den Herrn.
>
> *(Hornruf aus Richard Wagners „Meistersinger von Nürnberg")*

- Das Nachtwächterlied bei Wagner hat dieselbe Form wie unser Volkslied.
- Wagner variiert viermal dieselbe „Melodiezelle", eigentlich ist das der Dreiklang über Do (Do Mi So), in diesem Fall der G-Dur-Dreiklang.
- Die Melodie benötigt nur vier Töne: Do Mi So La (in G-Dur: G-H-D-E) und ist ebenfalls wie ein Sprechgesang gestaltet.
- Wagner rhythmisiert die Melodie, dadurch klingt seine Version lebendiger als das Volkslied.
- Der Text ist verändert: „Bewahrt euch vor Gespenstern …"

❹ Neben der Kompositionsweise des Stücks bietet es sich an, über die Singweise des Nachtwächters zu sprechen. Kinder sind nicht unbedingt gewohnt, Opernstimmen zu hören, daher thematisieren wir dies, indem wir fragen: „Wie singt der Nachtwächter?" „Habt ihr schon einmal jemanden so singen hören?"
Die Kinder werden vielleicht darauf kommen, dass der Nachtwächter sehr tief singt: Er ist ein Bass, genauer: ein Opernbass. Daraus ergibt sich weiterhin die Frage, wo die Unterschiede zwischen einem Opernbass und z. B. einem Rocksänger, Liedermacher oder Rapper liegen.

Baustein 4

Teil B: Dur und Moll

Baustein 4:
Melodien nach Dur oder Moll verwandeln

Empfohlene Do/La-Position:
Bsp. 1: Do auf **D**, Bsp. 2: La auf **D**

Vorbemerkung

„Dur ist fröhlich – Moll klingt traurig", das sind die oft getroffenen Zuordnungen von Dur und Moll. Doch statt den Kindern diese Definition aufzudrängen, lässt man sie besser die beiden Tongeschlechter selbst erkunden. Wenn man zwei verschiedene Lieder bzw. Melodien vergleicht, die eine in Dur, die andere in Moll, dann hört man einen Unterschied. Aber irgendwie bleibt der Eindruck diffus. Auch die Tonleitern zu studieren bringt nicht viel. Viel eindrücklicher ist der Unterschied zu hören, wenn man eine Dur-Melodie „vermollt" und eine Moll-Melodie „verdurt". Als Beispiele dienen hier das in Dur stehende „ABC-Lied" (→ Level 4, Baustein 1), das nach Moll „versetzt" wird und das Moll-Stück „Sascha" (auch in SIM SALA SING), das in Dur umgewandelt wird.

Das Umwandeln einer Dur-Melodie in Moll ist vergleichbar dem Parallel-Verschieben einer Figur in der Geometrie. Die Figur wird an eine andere Stelle versetzt, ohne dass sich die Proportionen dabei ändern: Die Dur-Melodie wird also in das **parallele Moll** (→ Glossar) verschoben.
Am einfachsten lässt sich diese Verschiebung an den Tonleitern erkennen: Die Durtonleiter hat den Grundton Do, die Molltonleiter den Grundton La. Die Abbildung zeigt, wie die beiden parallelen Tonleitern zueinander verschoben sind, ohne dass sich die verwendeten Töne ändern:

<u>Do</u> Re Mi Fa So La Ti Do   ← Durtonleiter
<u>La</u> Ti Do Re Mi Fa So La   ← Molltonleiter

ABC-Lied (Beispiel 1)

Text u. Musik: überliefert
Textänderung: Herbert Schiffels

Level 5

Erarbeitung

❶ Zunächst schreiben wird das Lied in vereinfachter Notation an die Tafel. Die Kinder haben die Melodie schon auf Level 4 nachgebaut und werden sich erinnern.

❷ Um zu prüfen, ob wir richtig notiert haben, spielen wir die Melodie auf tabDo! nach. Das Do ist z. B. auf D eingestellt.

❸ Anschließend versetzen wir die Melodie um zwei Schritte bzw. eine Terz nach unten (eine Unterscheidung zwischen großen Terzen und kleinen Terzen machen wir hier nicht). Wenn der erste Ton Do zu La wird, dann wandern alle anderen Töne entsprechend mit, also Re wird zu Ti, Mi zu Do, Fa zu Re usw. Das ist auf tabDo! abzulesen. Und dann spielen wir diese versetzte Melodie in Moll auf tabDo! nach.

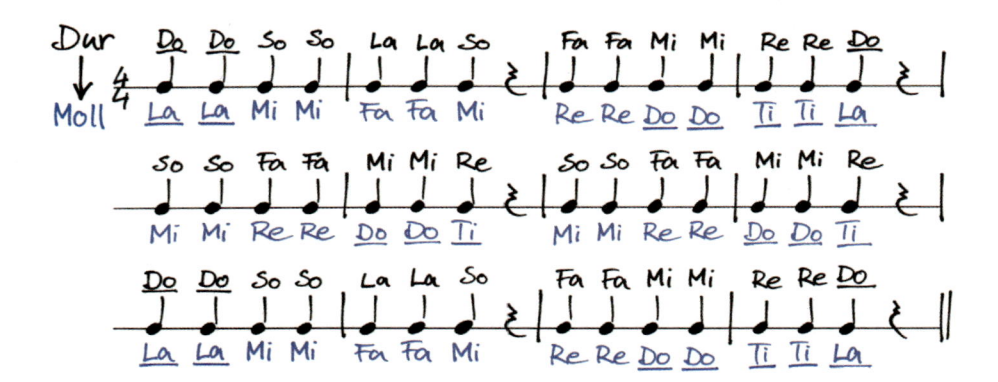

Hinweis: Auf dem Tonleiter- oder Noten-Bildschirm ist das Versetzen von Dur nach Moll oder umgekehrt übrigens sehr einfach und gut zu sehen. Man klettert einfach zwei Töne nach oben oder unten zum Do oder La.

❹ Die Kinder hören deutlich: Die Melodie klingt jetzt ganz anders. Viele werden sagen: „Die Melodie wird traurig". Aber woran liegt das? Was wir objektiv hören können, das ist der Halbtonschritt Fa-Mi im ersten und letzten Abschnitt. Wir haben auf Level 5, Baustein 1 gelernt, dass das Ti auch als Leitton bezeichnet wird, weil es ihn zu Do nach oben hinzieht. Wir hatten aber eingeschränkt, dass er auch erklingen kann, ohne ein Leitton zu sein (→ Level 5, Baustein 2). Über Fa-Mi können wir dasselbe sagen: An dieser Stelle hört man ganz deutlich, wie sich das Fa ein wenig über das Mi erhebt und gleich wieder nach unten gezogen wird, also nach unten „leitet".

❺ Anschließend singen wir das „ABC-Lied" nacheinander in Dur und Moll. Diese praktische Erfahrung hilft den Kindern, den Unterschied von Dur und Moll wirklich zu verstehen und zu hören.

Baustein 4

Jetzt versuchen wir den umgekehrten Fall und verwandeln eine Moll-Melodie in Dur.

Sascha (Beispiel 2)

Text: Anton B. Kraus
Musik: überliefert
© Fidula

1. Sa - scha geiz - te mit den Wor - ten ü - ber - all und al - ler - or - ten,
konn - te ho - he Bo - gen spu - cken, fröh - lich mit den Oh - ren zu - cken.

Ref.: Nja, nja, nja, nja, nja, nja, nja, nja, nja, nja, nja, nja, nja, nja. Hei!

Erarbeitung

❶ Zuerst bauen wir die Liedmelodie nach. Das Lied steht in d-Moll. Das D ist also der Grundton (La = D). Wir stellen in der App La auf D ein. Das Lied beginnt auf dem Quintton, das wäre also Mi = A.

Zur Erinnerung: Handelt es sich um eine Melodie in Dur, dann ist der Grundton Do. Ist es eine Melodie in Moll, dann heißt der Grundton La.

❷ Dann versetzen wir alle Töne eine Terz aufwärts in das **parallele Dur** (→ Glossar). Die Melodie beginnt dann mit dem Ton So = C.

❸ Nun singen die Kinder die Melodien nacheinander in Moll und Dur.

❹ Wieder ergibt sich danach ein Gespräch, wie die Melodie in Dur und Moll klingt. Klang die Melodie in Moll traurig, als wir sie gesungen haben? Klang sie in Dur fröhlicher? Evtl. können weitere Begriffe gesucht werden, die man für die Unterscheidung verwenden kann. Z. B. für Dur = hell, klar, für Moll = dunkel, weich.

Level 5

Baustein 5:
Pendeln zwischen Moll und Dur

Für diesen Baustein wird kein tabDo! benötigt.

Vorbemerkung
Damit sich die Unterscheidung Dur–Moll möglichst effektiv im Bewusstsein festsetzen kann, lassen die Kinder die beiden Tongeschlechter singend im Raum erklingen. Dieses dreistimmige Experiment ist auch für Grundschulkinder gut machbar. Weil Dur und Moll sich nur in einem Ton unterscheiden (→ Grafik unten), wechselt immer nur eine Stimme im Dreiklang.

Erarbeitung

❶ Die Klasse wird in drei Gruppen geteilt.

❷ Nun singen (oder summen) zwei Gruppen auf Do und Mi (der Durdreiklang erklingt am besten in der Grundstellung Do-Mi-So) und die dritte Gruppe wechselt langsam zwischen den Tönen So und La. Somit pendelt der Gesamtklang zwischen Dur und Moll.

Gruppe 3: So → La → So → La
Gruppe 2: Mi
Gruppe 1: Do

Hinweis: Damit der jeweilige Klang deutlich zu hören ist, halten wir den entstandenen Dreiklang möglichst lange aus: Drei Schläge lang erklingt der Durdreiklang Do-Mi-So, dann wird ein Schlag lang pausiert, danach erklingt drei Schläge lang der Molldreiklang Do-Mi-La, dann wieder ein Schlag Pause und wieder drei Schläge Dur usw.

Variante: Möglich ist auch diese in der Abbildung dargestellte Art der Gruppen- und Tonverteilung, dann erklingt der Molldreiklang in der Grundstellung (La-Do-Mi).

Gruppe 3: Mi
Gruppe 2: Do
Gruppe 1: La → So → La → So

Baustein 6

Teil C: Melodiezellen weiterentwickeln, Bassstimmen hinzufügen, über Melodien improvisieren (für höhere Klassen)

Baustein 6: Die Weiterentwicklung von Beethovens berühmtem Motiv erforschen und nachspielen

Empfohlene La-Position: La auf **H**

Vorbemerkung

In diesem Baustein werden Kompositionstechniken erkundet, die Beethoven in einem seiner berühmtesten Werke angewendet hat. Damit wird direkt an Level 3 angeknüpft, wo die Kinder Melodien in ihren verschiedenen Umformungen kennengelernt haben.

Hier ist Beethovens Anfangsmotiv in der 5. Sinfonie, der „Schicksalssinfonie" in c-Moll zu sehen (→ Notenbeispiel rechts). Mit Leichtigkeit werden die Kinder in diesem Baustein die Melodiezelle in allen Varianten erkennen und hörend verfolgen. Damit kommt man von dieser einfachen, leicht erfassbaren Zelle schon zur „großen" Musik.

So paradox das klingen mag: Die Kinder brauchen gar nicht viel zu verstehen, um Wesentliches zu erkennen. Man kann sagen: So eine Melodiezelle heißt Motiv, man kann etwas über Beethoven erzählen und hätte damit auf niedrigem Niveau Musikgeschichte und Musiklehre bereits in der Grundschule thematisiert.

Hinweis: Auf Level 5 ist die Originaltonart c-Moll nicht spielbar. Deshalb spielen die Kinder in der Tonart h-Moll (La = H). Alternativ kann dieser Baustein auf Level 7 bearbeitet werden. Dort kann man mit La = C in der Originaltonart c-Moll spielen.

Erarbeitung

❶ Spielen Sie den Kindern zunächst einmal nur die einzelne Melodiezelle vor (→ Notenbeispiel oben). Vielleicht gibt es Kinder, die das Stück kennen und bereits anhand dieses kurzen Ausschnitts wissen, wie es weitergeht. Evtl. kann auch eine Aufnahme des 1. Satzes der 5. Sinfonie kurz angespielt werden.

❷ Dann notieren wir die ersten 21 Takte des Sinfoniesatzes an die Tafel. Die hier verwendete Notation gibt in ihrer Verteilung auf fünf Zeilen optisch den Verlauf so wieder, wie man ihn wahrnimmt: in fünf Abschnitten, wobei die gelb und blau markierten Stellen zwei Stimmen symbolisieren. Hier sehen die Kinder, dass die Notenhälse nach oben oder unten zeigen können. Man kann damit auf sehr einfache Weise Zweistimmigkeit darstellen.

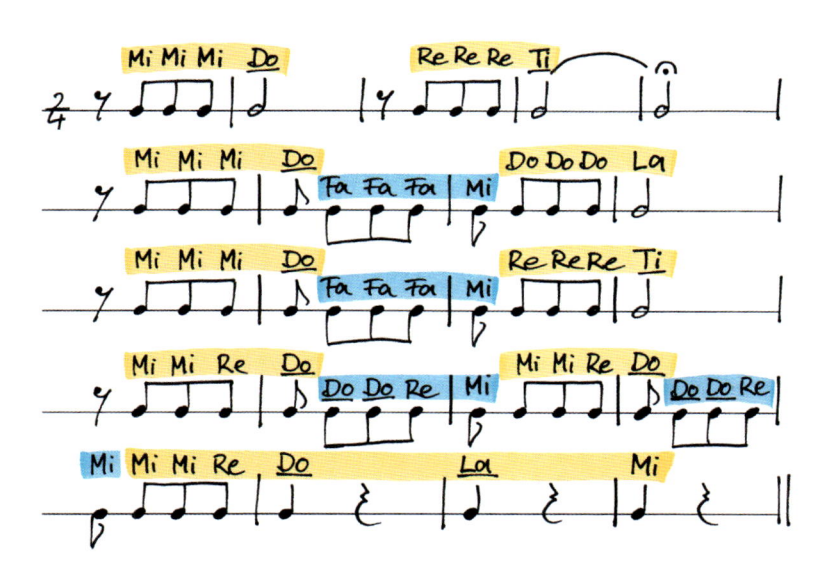

❸ Mithilfe des Tafelbilds verschaffen wir uns einen Überblick. Vielleicht sehen wir schon, dass das Anfangsmotiv auf verschiedenen Stufen sequenziert (→ Level 3, Baustein 9) wird. Oder wir sehen (anhand der Notenhälse), dass ab Zeile 4 ein Frage-Antwort-Spiel (→ Level 2, Baustein 1 und 8) zwischen zwei Stimmen stattfindet.

Level 5

④ Dann bauen wir die Takte nach und erkennen diese in **③** genannten Kompositionstechniken hörend wieder. Nun haben die Kinder die Entwicklung der Melodie im Ohr und können sie vielleicht sogar schon ohne tabDo! in der Hand nachbauen und dazu singen.

⑤ Im Anschluss hören wir mit großer Aufmerksamkeit und Verständnis dem ganzen 1. Satz der Sinfonie zu.

Baustein 7:
Ein Lied mit der Fehler-Melodie nachbauen und im Liedrhythmus improvisieren

Empfohlene Do-Position:
Do auf **F** oder **D**

Vorbemerkung

Um über eine komplette Liedmelodie zu improvisieren, bietet es sich an, wie auf Level 2, Baustein 11, den Liedrhythmus als unterstützende Hilfe zu verwenden. Das Lied „L'inverno è passato" (auch in SIM SALA SING) wird zunächst mithilfe der Methode Fehler-Melodie, die noch von Level 3, Baustein 3 bekannt ist, nachgebaut. Anschließend improvisieren die Kinder pentatonisch über die Liedmelodie.

Erarbeitung

L'inverno è passato

Text u. Musik: überliefert

L'in-ver-no è pas-sa-to, l'a-pri-le non c'è più, e
rit-or-na-to è mag-gio al can-to del cu-cù.
Ref.: Cu-cù, Cu-cù, l'a-pri-le non c'è più, e
rit-or-na-to è mag-gio al can-to del cu-cù.

❶ Das Lied wird gesungen, bis die Kinder die Melodie sehr gut kennen.

❷ Als nächstes bauen wir die Melodie nach. In der Abbildung rechts oben ist die Melodielinie mithilfe von Solmisationssilben bereits eingetragen, allerdings mit Fehlern (hier rot gekennzeichnet, im Unterricht später jedoch nicht). Die Kinder suchen nach den Fehlern und korrigieren sie mit Hilfe von tabDo! oder nur durch das Tippen in die Hand.

Baustein 7

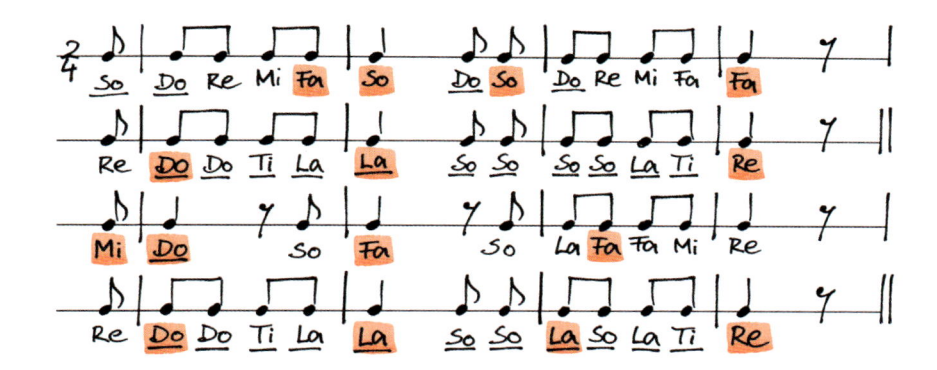

Für die nun folgende Improvisation stellen wir auf tabDo! **Level 2** ein, weil wir für die Improvisation lediglich die Töne der pentatonischen Tonleiter benötigen. Wenn wir uns den Liedtext dazu leise „im Kopf" mitdenken, haben wir eine Verbindung zwischen Melodie und Improvisation. Nach und nach werden die Kinder sicherer und können diese Tonbewegungen vom reinen Tonleiterspiel weg zu melodischeren Tonfolgen erweitern.

❸ Zuerst wird die pentatonische Tonleiter auf- und abgespielt, damit wir sie ins Ohr bekommen, also: Do Re Mi So La So Mi Re Do.

❹ Anschließend denken oder sprechen die Kinder leise den Text des Lieds „L'inverno è passato" und spielen dazu im gleichen Rhythmus die pentatonische Tonleiter. Das klingt überraschend gut.

❺ Leider endet es am Ende der Abschnitte in Takt 8 und Takt 16 nicht auf Do, sondern Re. Damit sich ein Schlussgefühl einstellt, müssen wir die Töne korrigieren. Regen Sie die Kinder an, darüber nachzudenken, wie man hier zum Schlusston Do kommen kann.
Im Beispiel unten sieht man eine Lösungsmöglichkeit. Die Kinder wissen mittlerweile, dass sich ein Schlussgefühl erst mit einem Do einstellt und werden durch Ausprobieren darauf kommen.

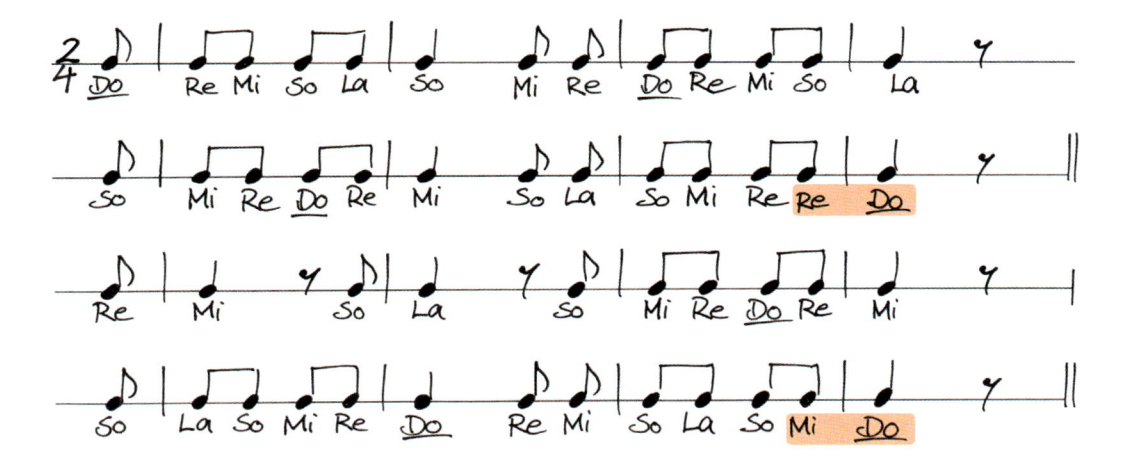

❻ Eine nächste Aufgabe wäre: Wie klingt es, wenn man jeden Ton zweimal spielt? Die Kinder spielen und prüfen hörend, wie diese improvisierte Melodielinie klingt.

Level 5

7 In einem nächsten Schritt könnte man die Tonleiter erweitern bis zum hohen Do, also Do Re Mi So La Do (im Tonleiter-Bildschirm können wir hier nur mit Position Do = D spielen). Wie hört sich das an? Muss man da auch die Schlüsse korrigieren? Hier gilt wie immer: Das Gehör entscheidet. Die Kinder werden selbst merken, dass nur ein Schlusston auf einem der Dreiklangstöne Do-Mi-So wirklich nach Schluss klingt.

(Notenbeispiel: 2/4 — Do Re Mi So La Do La So Mi Re Do Re Mi)

Baustein 8: Eine Bassstimme hinzufügen und über die Melodie improvisieren

Empfohlene Do-Position: Do auf **C**

Vorbemerkung

In diesem Baustein wird zu einer Melodie noch eine begleitende Stimme hinzugefügt. Als Beispiel dient die Oscar-prämierte, herrlich swingende Melodie „Raindrops Keep Fallin' on My Head" (auch SING & SWING) aus dem Film „Zwei Banditen". Das Lied hat einen [A]- und einen [B]-Teil. Die Kinder verwenden nur den [A]-Teil, entwickeln dazu eine Bassstimme und improvisieren über der Melodie.

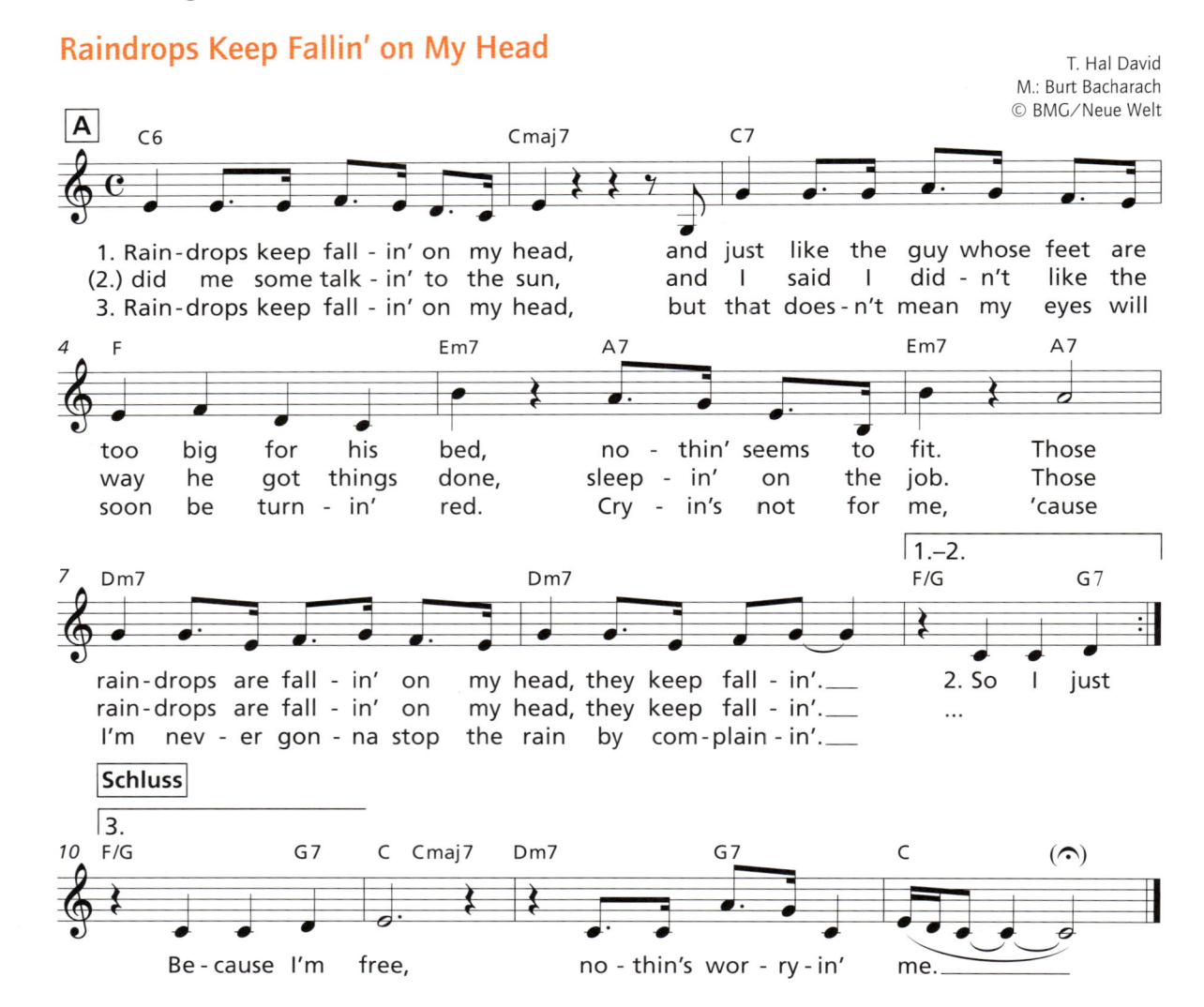

Erarbeitung

Raindrops Keep Fallin' on My Head

T. Hal David
M.: Burt Bacharach
© BMG/Neue Welt

1. Rain-drops keep fall-in' on my head, and just like the guy whose feet are too big for his bed, no-thin' seems to fit. Those rain-drops are fall-in' on my head, they keep fall-in'. 2. So I just

(2.) did me some talk-in' to the sun, and I said I did-n't like the way he got things done, sleep-in' on the job. Those rain-drops are fall-in' on my head, they keep fall-in'. ...

3. Rain-drops keep fall-in' on my head, but that does-n't mean my eyes will soon be turn-in' red. Cry-in's not for me, 'cause I'm nev-er gon-na stop the rain by com-plain-in'.

Schluss

Be-cause I'm free, no-thin's wor-ry-in' me.

Selbsttest

Zur Swing-Angabe:

Obwohl in Liederbüchern eine Swing-Melodie meistens mit punktierten Achteln notiert wird (→ Notation links), wird sie nicht so gespielt, denn das klingt nicht nach Swing. Swing fühlt sich eher triolisch an. Im Jazz notiert man für Swing einfache Achtelnoten und ergänzt eine Angabe zur Spielweise.

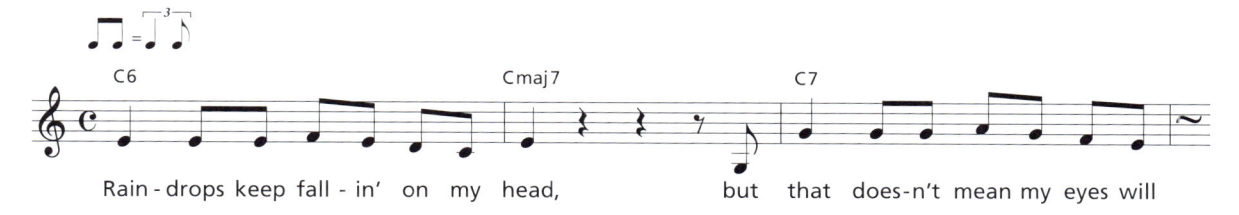

[Notenbeispiel: „Raindrops keep fallin' on my head, but that doesn't mean my eyes will" mit Akkorden C6, Cmaj7, C7]

❶ Für die Erarbeitung der **Bassstimme** nehmen wir das Lied so, wie es in den Noten abgedruckt ist. Die Kinder wählen auf tabDo! den Tonleiter- oder den Noten-Bildschirm und stellen Do auf den Grundton C. Als Klang wählen sie das Bassinstrument. Und nun spielen wir einfach die Tonnamen C (Do), F (Fa), E (Mi), G (So), A (La) und D (Re), die über den Noten stehen. Das sind die Grundtöne der Akkorde, die sich als einfache Bassstimme eignen.

Hinweis: Bei F/G spielt man als Baston ein G.

❷ Singen oder spielen Sie nun dazu die Melodie und achten Sie darauf, dass die Kinder im richtigen Moment auf den nächsten Ton wechseln. Es genügt, wenn die Kinder jeweils auf die Zählzeit 1 eines Taktes den jeweiligen Akkordton spielen.

Tipp: Im Anschluss kann die Bassstimme auch auf die Bassstäbe des Orff-Instrumentariums übertragen werden.

❸ Für die **Improvisation** benötigen wir wieder die pentatonische Tonleiter. Deshalb stellen wir tabDo! auf **Level 2** um. Dann gibt es keine „falschen" Töne und die Kinder können sich voll und ganz auf das Spielen konzentrieren. Das tun sie fast automatisch, wenn sie das Lied gut kennen. Dazu wählen wir wieder ein Melodieinstrument, das Xylofon (nicht im Hand-Bildschirm) oder das Klavier.

❹ Sind Bassstimme und Improvisation einstudiert, kann das Lied gesungen werden, ein Kind spielt Bass und weitere Kinder improvisieren. Dazu begleiten Sie mit Klavier oder Gitarre die Akkorde.

Tipp: Wenn wir das Stück zur Aufführung bringen wollen, verbinden wir das Tablet über die Kopfhörerbuchse mit einem kleinen Verstärker. So ist die Bassstimme gut zu hören.

Selbsttest: Kleine Liedermacher – „CONRADs Reise" auf Level 5

Empfohlene Do-Position: beliebig

Hier steht nicht nur die komplette Tonleiter zur Verfügung, sondern die Kinder haben auch den Unterschied zwischen Dur und Moll studiert. Da wird es sicher interessant, wenn einige Kinder den „CONRAD" in Dur vertonen und andere in Moll.

Erarbeitung

Wir geben der Dur-Gruppe vor, mit dem Grundton Do zu komponieren und der Moll-Gruppe, mit dem Grundton La. Zusätzlich könnten wir vorgeben: Die Dur-Melodie soll im 4/4-Takt und die Moll-Melodie im 6/8-Takt komponiert werden. Außerdem sollen die Kompositionen so gestaltet sein, dass die Kinder ihre Melodie auf jeden Fall vorsingen können.

Level 5

Beispiel 1:
Dieses Kind hat den „CONRAD" in Dur vertont. Wie „funktioniert" diese Melodie? Was hat sich das Kind dabei gedacht?

- Das Kind verwendet viermal denselben Rhythmus. Das ist in Ordnung, wenn auch nicht besonders einfallsreich.
- Der Grundton Do ist nicht der tiefste Ton, sondern befindet sich in der Mitte.
- Die Melodie hat die Form A B C D, wobei der Abschnitt C deutlich mit Abschnitt A korrespondiert. Sehr schön, dass die Melodie in Abschnitt C die Oktave So erreicht, um dann in Abschnitt D zum Grundton zurückzukehren.
- Besonders gelungen ist, dass in Abschnitt D nicht einfach dreimal das So wiederholt wird. Stattdessen belebt ein Oktavsprung So So So die Melodie.

In der Notenschrift (F-Dur) wäre das:

CON - RAD kommt an ei - nen Fluss, den er ü - ber - que - ren muss.

CON - RAD nimmt das C als Steg und geht wei - ter sei - nen Weg.

Beispiel 2:
Nun betrachten wir eine Vertonung in Moll. Auch dieses Kind verwendet viermal denselben Rhythmus.

- Der Grundton La ist der tiefste Ton.
- Auch diese Melodie hat die Form A B C D.
- Abschnitt C ist eine Sequenz zu B.
- Abschnitt D kehrt stufenweise zum Grundton La zurück.

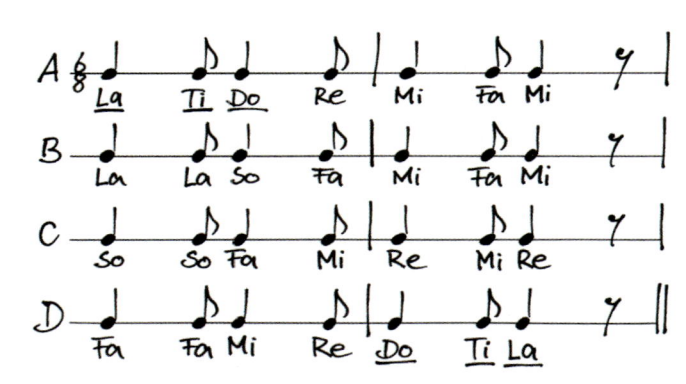

In klassischer Notenschrift (in h-Moll) kämen wir zu diesem Ergebnis:

CON - RAD kommt an ei - nen Fluss, den er ü - ber - que - ren muss.

CON - RAD nimmt das C als Steg und geht wei - ter sei - nen Weg.

> Neben der Kompositionsaufgabe zu „CONRAD" bieten weitere Hör-Etüden (→ S. 117) die Möglichkeit zu prüfen, inwiefern die Kinder bereits eine innere Tonvorstellung entwickelt haben.

Liste weiterer geeigneter Lieder
(enthalten u.a. in den Liederbüchern SIM SALA SING 2019 ff. und SING & SWING 2014 ff.)

- Alle Jahre wieder
  → z. B. SIM SALA SING
- Another Brick in the Wall
  → z. B. SING & SWING
- Au clair de la lune
  → z. B. SING & SWING
- Auf de schwäbsche Eisebahne
  → z. B. SING & SWING
- Blowin' in the Wind
  → z. B. SING & SWING
- Calypso
  → z. B. SING & SWING
- Can't Help Falling in Love
  → z. B. SING & SWING
- Casatschok
  → z. B. SING & SWING
- Danke, für diesen guten Morgen
  → z. B. SING & SWING
- Das klinget so herrlich
  → z. B. SING & SWING
- Das Lied vom Anderssein
  → z. B. SIM SALA SING
- Das Lummerlandlied
  → z. B. SIM SALA SING
- Dat du min Leevsten büst
  → z. B. SING & SWING
- Die Menschen sind alle verschieden
  → z. B. SIM SALA SING
- Die Moritat von Mackie Messer
  → z. B. SING & SWING
- Epo i tai tai yé
  → z. B. SING & SWING
- Froh zu sein bedarf es wenig
  → z. B. SIM SALA SING
- He, ho, spann den Wagen an
  → z. B. SIM SALA SING
- Hello, How are You
  → z. B. SING & SWING
- Hewenu shalom
  → z. B. SING & SWING
- Hey, Pippi Langstrumpf
  → z. B. SIM SALA SING
- Horch, was kommt von draußen rein
  → z. B. SING & SWING
- I Like the Flowers
  → z. B. SING & SWING
- Ich lieb den Frühling
  → z. B. SIM SALA SING
- If You're Happy
  → z. B. SIM SALA SING
- Lalelu
  → z. B. SIM SALA SING
- Let it Be
  → z. B. SING & SWING
- Love Me Tender
  → z. B. SING & SWING
- Moldau
  → z. B. SIM SALA SING
- Moon River
  → z. B. SING & SWING
- Morning has Broken
  → z. B. SING & SWING
- Muss i denn
  → z. B. SING & SWING
- My Bonnie Is Over the Ocean
  → z. B. SING & SWING
- O, du fröhliche
  → z. B. SIM SALA SING
- Oh My Darling, Clementine
  → z. B. SING & SWING
- Ozewize
  → z. B. SIM SALA SING
- Summertime
  → z. B. SING & SWING
- Sur le pont d'Avignon
  → z. B. SIM SALA SING
- Viel Glück und viel Segen
  → z. B. SIM SALA SING
- Vogelhochzeit
  → z. B. SIM SALA SING
- We Wish You a Merry Christmas
  → z. B. SING & SWING
- Wenn die bunten Fahnen wehen
  → z. B. SING & SWING

Erwartungshorizont Level 5

Das haben die Kinder gelernt:

- ✓ den Ton Ti und seine verschiedenen Funktionen zu hören und herauszuarbeiten
- ✓ eine Dur- und Moll-Melodie jeweils in das andere Tongeschlecht umzuwandeln
- ✓ in Gruppen aufgeteilt einen Durdreiklang und den parallelen Molldreiklang zu singen
- ✓ nach den Akkordangaben über den Noten im Liederbuch eine Bassstimme zu erarbeiten
- ✓ über Lieder pentatonisch zu improvisieren
- ✓ ein Gedicht mit dem neu erworbenen Wissen zu vertonen, wie z. B. den „CONRAD"
- ✓ das Motiv und seine Abwandlungen aus einem Werk Beethovens nachzuvollziehen
- ✓ das Nachtwächterlied in Wagners „Meistersinger" mit einem volkstümlichen Lied zu vergleichen

Ein Portfolio für jedes Kind zum Ausdrucken findet sich im Anhang → S. 136.

Level 6 — Klingende Töne: Do Re Mi Fa So La Ti und alle Nebentöne

Wichtiger Hinweis: Ab diesem Level kann der Hand-Bildschirm nicht mehr verwendet werden!

> Melodien können durch weitere Töne ergänzt werden. Diese chromatischen Nebentöne sind Schwerpunkt auf Level 6. Grundsätzlich können wieder alle Aufgabenformate wie: eine Melodie nachbauen, umbauen, neu bauen usw. ausgeführt werden. Die Reihenfolge der Bausteine ist frei wählbar.

Wer Geige spielt, muss die Töne einer Tonleiter mithilfe des Gehörs finden. Zwischen diesen festgelegten „Tonpunkten" gibt es viele andere Töne, die man zusätzlich verwenden kann.
Auch auf den Bildschirmen von tabDo! sieht man, dass zwischen den bereits bekannten Tönen (Solmisationssilben) noch weitere fünf Positionen besetzt werden können.

Beispiel Noten-Bildschirm:

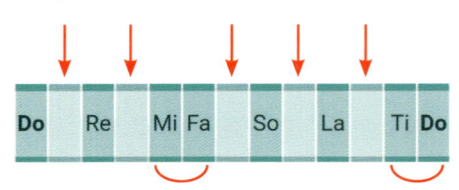

Do Re Mi Fa So La Ti Do

In der tabDo!-Hand ist kein Platz mehr für weitere Töne. Man kann also vermuten, dass es sich bei den noch fehlenden Tönen nicht um Haupt-, sondern um Nebentöne handelt. Jedoch werden gerade mit diesen Tönen die Melodien bereichert. Um den Tonvorrat etwas zu begrenzen, arbeiten die Kinder auf diesem Level zunächst mit den chromatischen Tönen auf C, D, F und G.

Einstieg: Tonleiterfremde Töne erforschen

Empfohlene Do-Position: Do auf **D**

Vorbemerkung
Die Töne Do Re Mi Fa So La Ti Do bilden eine Tonleiter, auf der man stufenweise auf- und absteigen kann. Aber man kann auch hinauf- und herunterrutschen (wie auf einem Geländer). Dabei werden die Nebentöne bzw. tonleiterfremden Töne mit einbezogen.

Erarbeitung

❶ Geben Sie ein Intervall vor, z. B. Do-So (Quinte) und lassen Sie die Kinder mit ihrer Stimme auf verschiedene Silben, in verschiedenen Tempi und Lautstärken von Do nach So und zurück gleiten. Solche „Glissando-Übungen" sind wesentlicher Teil der Stimmbildung und eine beliebte Aufwärmübung bei Chören.

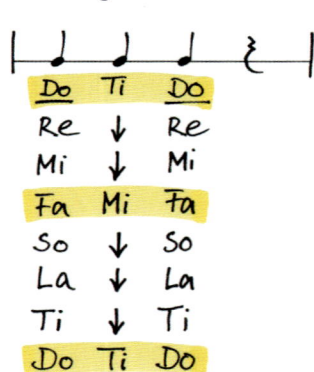

❷ Jetzt beziehen wir tabDo! mit ein und gehen auf Nebentöne-Erkundungstour. Wir nehmen eine beliebige Tonleiter, z. B. D-Dur und setzen das Do auf Position D. Nun gehen wir Schritt für Schritt die Tonleiter aufwärts und spielen dabei zu jedem Ton seinen unteren Nebenton (→ vereinfachte Notation links). Bei den Tönen Ti-Do und Mi-Fa sehen wir, dass sie „dicht" beianderliegen und kein Nebenton dazwischenliegt. Das sind die sogenannten **Halbtöne** (→ Glossar) in der diatonischen Tonleiter.

❸ Wir gehen nun Schritt für Schritt die Tonleiter abwärts und spielen dabei zu jedem Ton wieder den unteren Nebenton. Wir spielen also die Zeilen (in der Notation links) rückwärts von unten nach oben.

96 tabDo! · HELBLING

Baustein 1

Teil A: Tonleiterfremde Töne, Improvisation

Baustein 1: Experimentieren mit tonleiterfremden Tönen

Empfohlene Do-Position:
Do auf **C**

Vorbemerkung

In dem englischen Traditional „Head and Shoulders" (auch in SIM SALA SING) ist der nicht zur Durtonleiter gehörende Ton in Takt 2 (Fis bzw. F#) deutlich hörbar. Er bringt das Dur keineswegs ins Wanken, sondern „würzt" die Melodie und bringt Schwung. Im Vergleich mit der „ungewürzten Melodie" wird den Kindern das bewusst.

Erarbeitung

Head and Shoulders

Text: und Musik: überliefert

❶ Wir singen das Lied evtl. mit den Bewegungen, die sich aus dem Liedtext ergeben. Vielleicht fällt einigen Kindern bereits beim Singen oder Hören der ungewohnte Klang des Nebentons auf.

❷ Dann bauen wir die Melodie nach und notieren sie mit Solmisationssilben (Anfangston So = G) in vereinfachter Notation. Sicher werden die Kinder erkennen, dass die Takte 2 und 6 mit einem Fa seltsam klingen. Richtig klingt der Ton, der zwischen Fa und So liegt. Wir notieren diesen Ton, indem wir Fa mit einem #-Vorzeichen versehen und nennen ihn das „erhöhte Fa". (Sie können den Ton auch mit der englischen Bezeichnung „Fa sharp" benennen.)

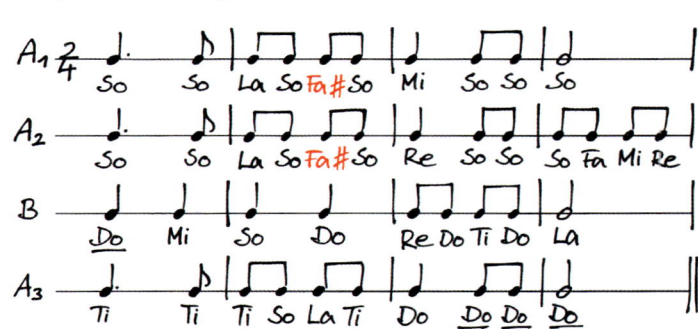

tabDo! · HELBLING 97

Level 6

❸ Jetzt spielen wir abwechselnd das Lied mit Fa oder Fa#. Die Kinder erkennen: Beides geht, aber mit Fa# klingt es doch viel reizvoller. Es ist nur ein kleiner Unterschied, wie eine Prise Salz in der Suppe.

Hinweis: Die Namen der Nebentöne kann man einfach von den Haupttönen ableiten. Dann heißt Fa# einfach „erhöhtes Fa". Wenn wir das Lied mit Solmisationssilben singen wollen, dann nehmen wir den Vokal i. Das erhöhte Fa heißt dann „Fi".

Baustein 2: Tonleiterfremde Töne selbst herausfinden

Empfohlene Do/La-Position:
Bsp. 1: Do auf **G**
Bsp. 2: La auf **E**

Vorbemerkung

Bei „Leise rieselt der Schnee" (auch in SIM SALA SING) liegt der Nebenton in Takt 5 geradezu in der Luft. Wenn das Lied nicht zur Jahreszeit passt, kann als Beispiel „El cóndor pasa" (auch in SING & SWING) verwendet werden.

Leise rieselt der Schnee (Beispiel 1)

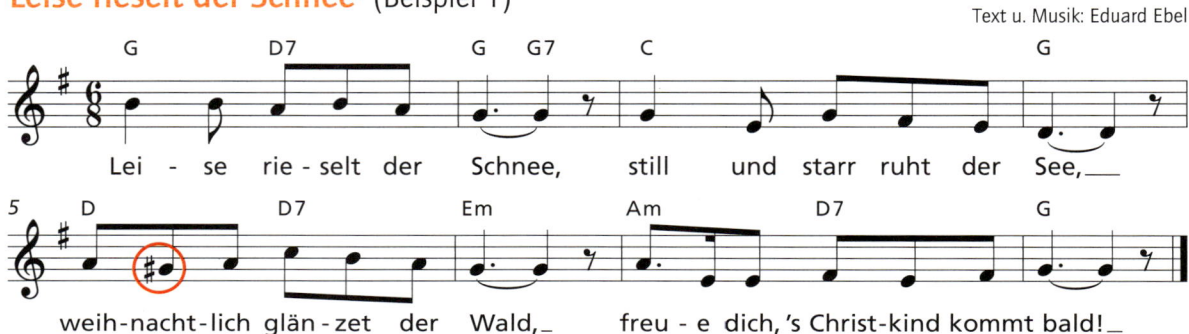

Text u. Musik: Eduard Ebel

Erarbeitung

❶ Zunächst wird das Lied gesungen.

❷ Dann bauen die Kinder die Melodie nach (Anfangston Mi = H) und erhalten die Aufgabe, dabei den Nebenton herauszufinden. Das gelingt den Kindern sicher ganz schnell, denn, wie wir bereits in unserer Einstiegsübung erkundet haben, liegen die Nebentöne immer jeweils „neben" den tonleitereigenen Tönen. Das Do# liegt also über dem leitereigenen Ton Do. Wir nennen ihn „Di".

❸ Die Kinder experimentieren und prüfen: Wie würde die Wendung in Takt 5 mit Do statt Do# bzw. Di klingen?

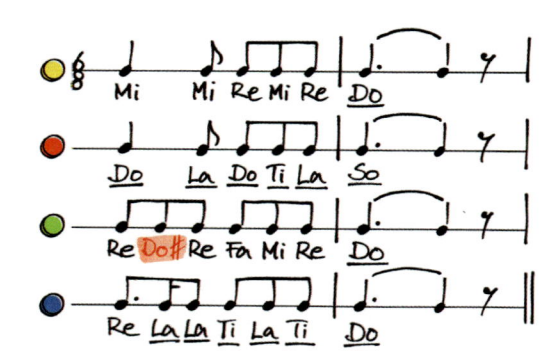

🟡 Mi Mi Re Mi Re Do
🔴 Do La Do Ti La So
🟢 Re Do# Re Fa Mi Re Do
🔵 Re La La Ti La Ti Do

98 tabDo! · HELBLING

Baustein 2

El cóndor pasa (Beispiel 2)

Musik: überliefert

Erarbeitung

① Die Kinder lernen die Melodie auf neutraler Singsilbe „du" zu singen. Vielleicht kann ein Kind der Klasse die Melodie auf der Flöte oder einem anderen Instrument vorspielen.

② Nun notieren Sie am besten das Lied mithilfe der vereinfachten Notation an die Tafel, denn die Form ist mit den sechs Takten ungewöhnlich. Und da es hier nicht um die Form, sondern um den „Nebenton" geht, sollten sich die Kinder auch darauf konzentrieren können.

③ Dann bauen die Kinder die Melodie nach (Anfangston: tiefes Mi = H) und erhalten die Aufgabe, dabei den Nebenton herauszufinden. Diesen Ton oberhalb des So nennen wir wieder „Si".

④ Die Kinder experimentieren und prüfen: Wie würde die Wendung in Takt 1 mit So statt So# bzw. Si klingen?

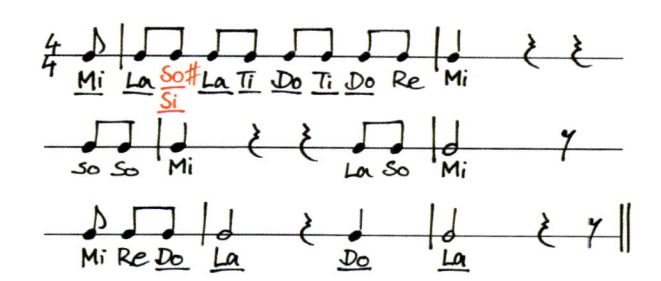

Hinweis: Es gibt tatsächlich auch Versionen mit So statt So#, insbesondere dann, wenn die Melodie auf einer Panflöte gespielt wird, denn Panflöten sind meist nur diatonisch (→ Level 5, Einstiegsbaustein).

Level 6

Baustein 3: Eine Melodie mit chromatischen Tönen würzen

Empfohlene Do-Position: Do auf **G**

Vorbemerkung

Das englische Lied „John Brown's Body" (auch in SING & SWING) ist melodisch sehr einfach und dadurch gut singbar. Wie würde es klingen, wenn ein paar Töne durch Nebentöne ersetzt würden? Das probieren die Kinder hier aus.

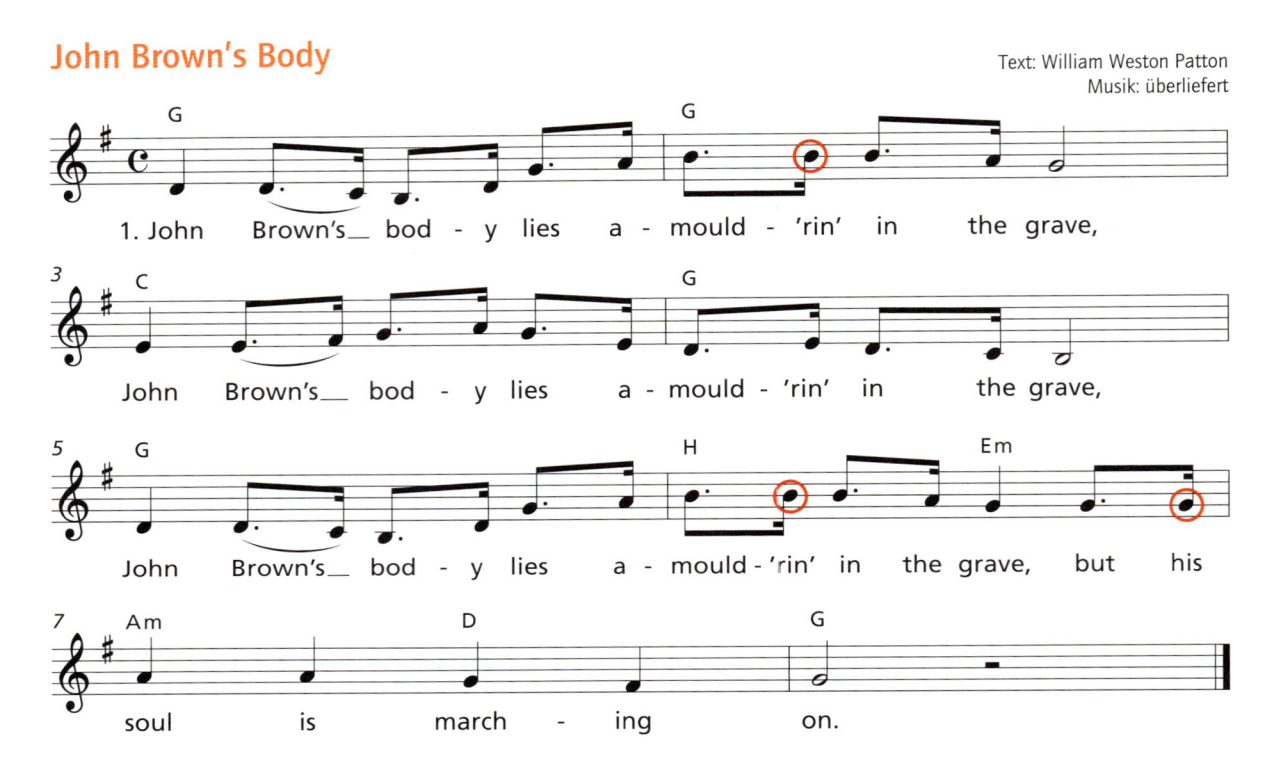

Erarbeitung

John Brown's Body

Text: William Weston Patton
Musik: überliefert

1. John Brown's bod-y lies a-mould-'rin' in the grave,
John Brown's bod-y lies a-mould-'rin' in the grave,
John Brown's bod-y lies a-mould-'rin' in the grave, but his
soul is march - ing on.

❶ Wir singen das Lied wieder mehrfach, entweder mit englischem Text oder auf neutrale Singsilbe „du".

❷ Dann bauen wir die Melodie nach und notieren sie in vereinfachter Notation.

❸ Jetzt markieren Sie die (im Notenbeispiel rot eingezeichneten) Stellen, an denen die Kinder versuchen sollen, den Melodieton durch einen Nebenton zu ersetzen. Die Kinder probieren aus, welche Nebentöne möglich sind. In der Notation ist eine Möglichkeit eingetragen: in Takt 2 und 6 anstelle des Mi das erhöhte Re, also Re# bzw. Ri. In Takt 6 außerdem das erhöhte Do, also Do# bzw. Di.

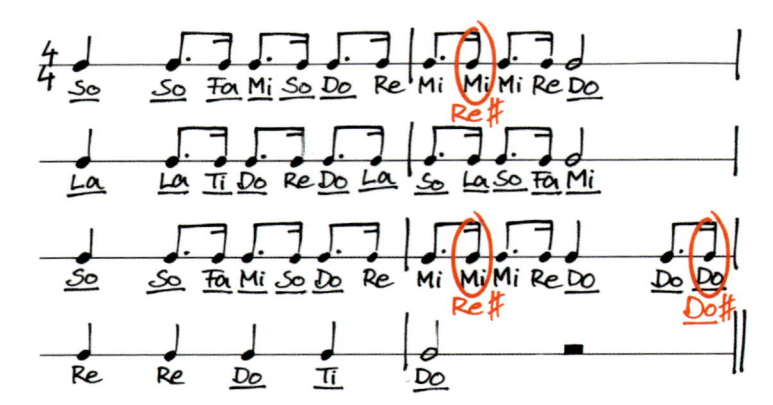

So So Fa Mi So Do Re Mi Mi Mi Re Do
                              Re#
La La Ti Do Re Do La So La So Fa Mi
So So Fa Mi So Do Re Mi Mi Mi Re Do Do
                              Re#   Do#
Re Re Do Ti Do

Baustein 4

④ Wir können nun auch versuchen, diese veränderte Melodie zu singen, auf Text oder Singsilben.

Hinweis: Hier wird auf sehr einfache Art und Weise gezeigt, wie man Melodien selbständig durch Nebentöne anreichern und damit interessanter gestalten kann.

Baustein 4: Pentatonisch improvisieren über erweiterter Harmonik

Empfohlene Do-Position: Do auf **G**

Vorbemerkung

„John Brown's Body" kann auch für eine Improvisation verwendet werden. Zu den Dreiklangsakkorden der Kadenz (G-Dur, C-Dur, D-Dur), die für Liedbegleitungen oft verwendet werden, kommen weitere Akkorde (Zwischendominanten und Nebendreiklänge) hinzu (H-Dur, e-Moll, a-Moll), um die Melodien harmonisch auszuschmücken. Wie klingt es, wenn pentatonische Improvisationen mit diesen Akkorden unterlegt werden?

Hinweis: Für die Improvisation stellen wir auf tabDo! **Level 2** ein.

Erarbeitung

❶ Improvisation: Die Kinder spielen über den (auf dem Klavier oder der Gitarre gespielten) Akkorden G (= G H D), C (= C E G), H7 (= H D# F# A), Em (= E G H), Am (A C E) und D7 (= D F# A C) die pentatonische Tonleiter (Do = G) Do Re Mi So La auf und ab. Sie werden feststellen: Das klingt alles gut.

❷ Wir können nun das Lied wie folgt arrangieren:
- 1. Durchgang = Alle Kinder singen das Lied.
- 2. Durchgang = Einzelne Kinder improvisieren über den Liedakkorden (Akkorde gespielt auf Klavier oder Gitarre).
- 3. Durchgang = Alle Kinder singen das Lied.
- 4. Durchgang = Einzelne Kinder improvisieren über den Liedakkorden usw.

Level 6

Teil B: Die verschiedenen Molltonleitern

Baustein 5: Die unterschiedlichen Molltonleitern kennenlernen

Empfohlene Do/La-Position: Do bzw. La auf **C** oder **D**

Vorbemerkung

Das natürliche Moll haben die Kinder schon auf Level 5, Baustein 4 kennengelernt.
Dort wurde gezeigt, dass die natürliche Molltonleiter dieselben Töne verwendet wie die Durtonleiter, aber sie verlagert den „Grundton" von Do nach La. Die anderen Molltonleitern erhöhen den 7. bzw. 6. und 7. Ton, um eine leittönige Spannung zu erzeugen. Die Nebentöne werden hier also zum Tonvorrat von Tonleitern.

Anders als das Dur gibt es Moll in drei Varianten:

Dur:			Do	Re	Mi	Fa	So	La	Ti	Do
Natürliches Moll:	La	Ti	Do	Re	Mi	Fa	So	La
Harmonisches Moll:	La	Ti	Do	Re	Mi	Fa	So#	La
Melodisches Moll:	La	Ti	Do	Re	Mi	Fa#	So#	La

Erarbeitung

❶ Die Kinder spielen die Durtonleiter auf- und abwärts und singen oder summen dazu.

❷ Dasselbe geschieht mit den drei Arten der Molltonleiter.

❸ Wenn Sie das Gefühl haben, dass die Kinder das unterschiedliche Tonmaterial der Leitern verinnerlicht haben, dann spielen oder singen Sie eine der vier Tonleitern vor und fragen die Kinder, um welche Tonleiter es sich handelt. Singen Sie dafür zunächst die Solmisationssilben mit. Wenn die Kinder irgendwann sicherer werden, können Sie es auf neutraler Silbe versuchen.

Hinweis: Beim Singen heißen die Töne Fa# und So# Fi und Si.

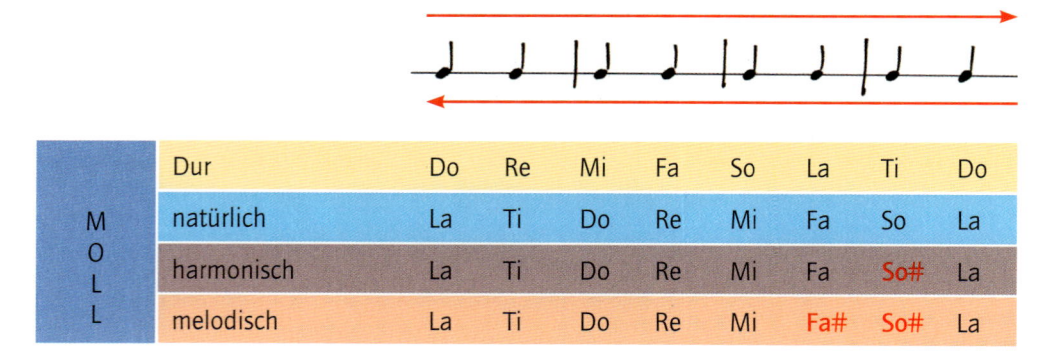

MOLL	Dur	Do	Re	Mi	Fa	So	La	Ti	Do
	natürlich	La	Ti	Do	Re	Mi	Fa	So	La
	harmonisch	La	Ti	Do	Re	Mi	Fa	So#	La
	melodisch	La	Ti	Do	Re	Mi	Fa#	So#	La

Baustein 6

Baustein 6: Musizieren in harmonisch Moll

Empfohlene La-Position:
La auf **A**

Vorbemerkung

Nachdem die unterschiedlichen Molltonleitern ausgiebig gespielt und gehört worden sind, beschäftigen sich die Kinder mit einem Musikstück, das in harmonisch Moll komponiert ist. Solche Lieder stammen häufig aus dem Nahen Osten. Die Melodie von „Hava nagila" (auch SING & SWING) verwendet konsequent die harmonische Molltonleiter und repräsentiert dieses Tonmaterial in Reinform. Mit diesem Lied verankert sich der Charakter dieser Molltonleiter dauerhaft im Tongedächtnis.

Mi Fa So̶ So# La

Erarbeitung

Hava nagila

Text u. Musik: Abraham Zwi Idelsohn nach einem jüdischen Volkslied

Ha - va_____ na - gi - la, ha - va_____ na - gi - la,

ha - va_____ na - gi - la, ve - nis me - cha, cha.

❶ Wir singen das Lied und bauen dann den Refrain (Takte 1–8) nach Gehör nach (Anfangston Mi = E).

❷ Hier erkennen wir, dass das So# (bzw. Si) unüberhörbar markant klingend auftritt.

❸ Ggf. können wir das Lied nun mit Begleitung singen und spielen.

Hinweis: Wenn man die Melodie auf dem Orff-Instrumentarium spielen will, dann kann man den So-Klangbaustein herausnehmen und durch So# (bzw. Si) ersetzen.

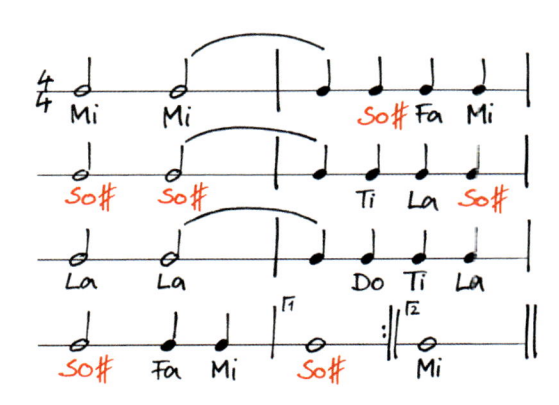

Level 6

Teil C: Pendeln zwischen Dur und Moll (für höhere Klassen)

Baustein 7: Wechsel Dur–Moll in Melodie und Harmonie singend nachvollziehen

Empfohlene La-Position: La auf **E**

Vorbemerkung

Auf Level 5, Baustein 5 sind die Kinder singend zwischen parallelen Dur- und Molldreiklängen gependelt. Diese Methode kann man auch bei dem Lied „El cóndor pasa" (→ Baustein 2) anwenden. Daneben entwickeln die Kinder entsprechend den Akkordangaben über den Noten eine Bassstimme für das Lied.

Erarbeitung

❶ Um die Bassstimme zu spielen, stellen wir in tabDo! als Instrument den Bassklang ein.

❷ Den Akkordangaben über den Noten entsprechend gestalten wir eine Bassstimme zum Lied, wie wir es schon auf Level 1, Baustein 7 gelernt haben.

❸ Für den Wechsel Dur–Moll bilden wir drei Gruppen und verteilen auf jede Gruppe einen Ton des Dreiklangs e-Moll (Em, siehe Notation unten). Nachdem der Em-Dreiklang eine Zeitlang gesungen im Raum steht, wechselt Gruppe 1 vom La zum So: Es erklingt der Durdreiklang G-Dur. Auf diese Weise pendeln wir einige Zeit zwischen den beiden Dreiklängen hin und her. Evtl. können Sie oder einzelne Kinder die Melodie dazu singen oder auf einem Instrument spielen.

❹ Nun bauen wir alles zusammen: Melodie (auf „du" gesungen), Bassstimme auf tabDo! oder Orff-Instrumentarium und die gesungenen Akkorde.

Gruppe 3:   Mi
Gruppe 2:   Do
Gruppe 1:   La   So

Musik: überliefert

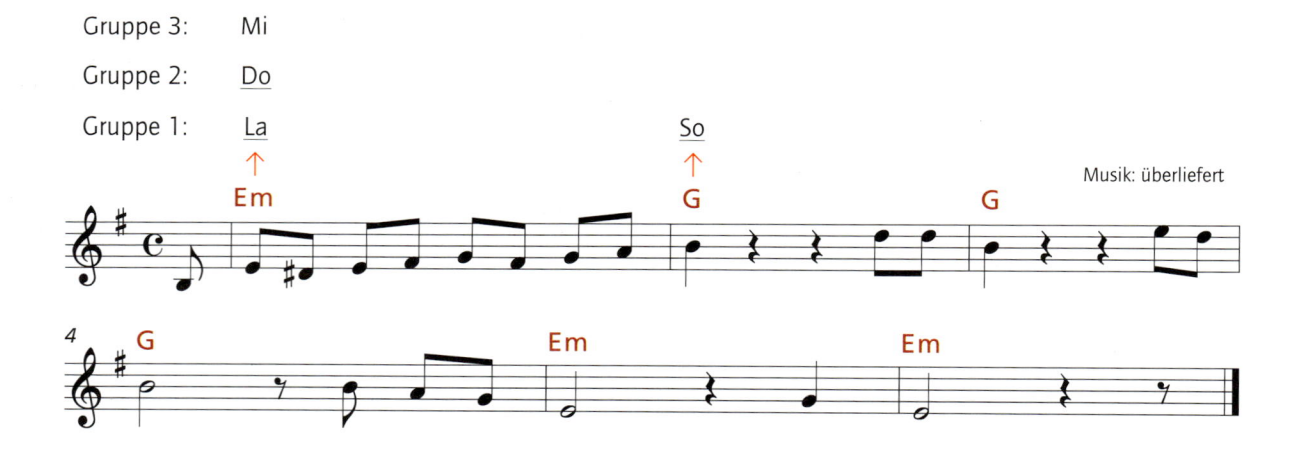

Baustein 8

| **Baustein 8:** Wechsel Dur–Moll in Melodie und Harmonie hörend erkennen | Für diesen Baustein wird kein tabDo! benötigt. |

Vorbemerkung

Diese Erfahrung des Pendelns zwischen Dur- und Molldreiklängen, wie sie in Baustein 7 singend ausgeführt wurde, kann auch hörend z. B. in dem Stück „Für Elise" nachvollzogen werden.
Beethovens Klavierstück ist ein Evergreen und in jeder Klavierschule abgedruckt. Nicht selten kann ein Kind aus der Klasse dieses Stück spielen. Diese Gelegenheit sollte man nutzen.

Erarbeitung

Entweder spielt ein Kind das Stück am Klavier vor oder man verwendet eine CD-Aufnahme.
Beim Hören stellen wir Folgendes fest:

- In der Melodie hören wir gleich zu Anfang den Nebenton (Re#), der sich aus der zugrunde liegenden harmonischen Molltonleiter ergibt (→ Level 6, Baustein 5)
- „Für Elise" ist angelegt wie ein Rondo. Das Thema ist dreiteilig (Form A B A), wobei im A-Teil deutlich der Mollcharakter zu hören ist. Dann bewegt sich die Melodie ab Takt 8 hinüber in den kontrastierenden B-Teil in Dur.

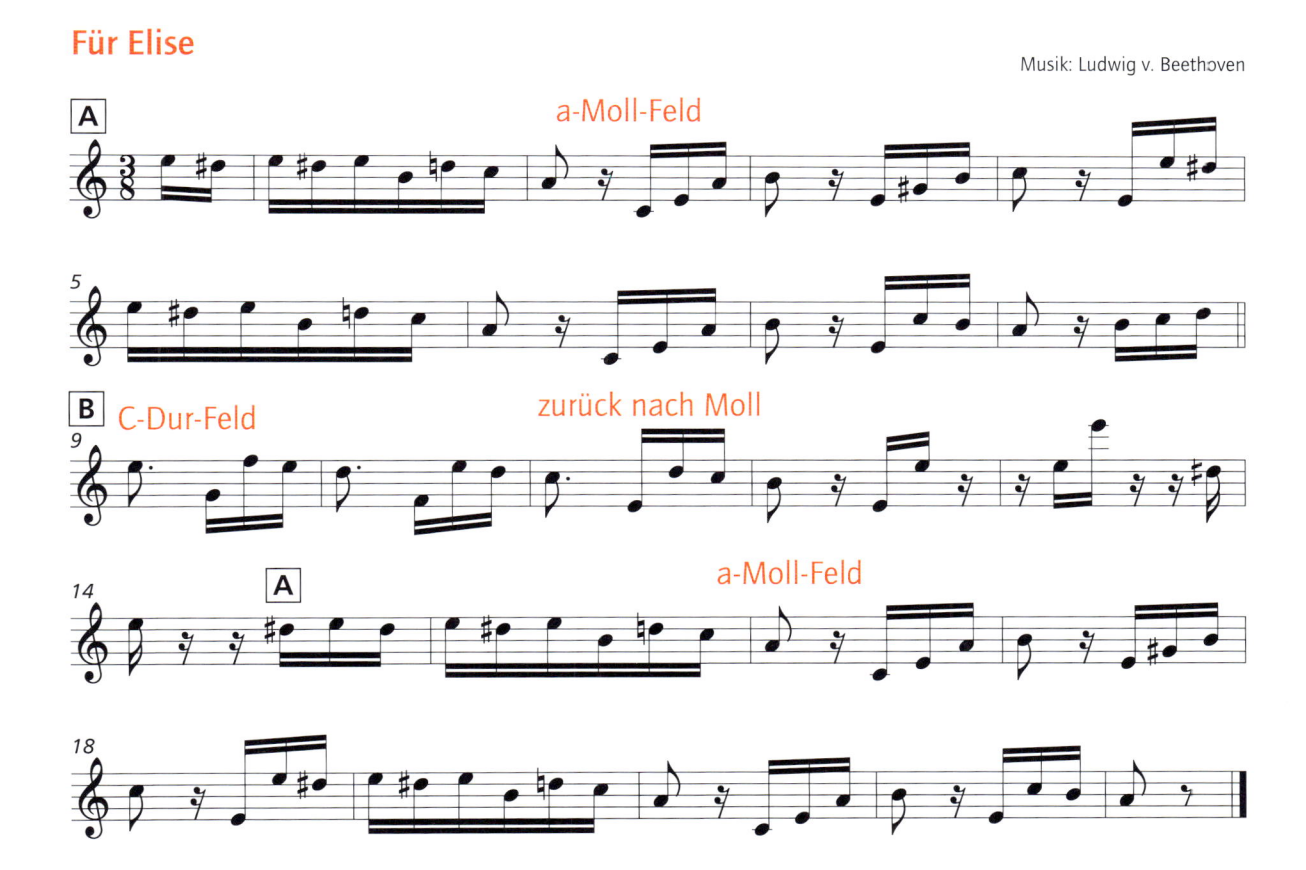

Für Elise

Musik: Ludwig v. Beethoven

Level 6

Selbsttest: Kleine Liedermacher – „CONRADs Reise" auf Level 6

Empfohlene Do/La-Position: beliebig

Mit den zusätzlichen Tönen, die auf diesem Level erlernt wurden, ergeben sich viele neue Möglichkeiten für die Vertonung des „CONRAD". Das birgt aber auch die Gefahr, dass man zu viel davon verwendet und die Melodie sozusagen „überwürzt". Hier kann das Gehör wieder kontrollieren.

Erarbeitung

Eine Gruppe bekommt die Aufgabe, Teile des Gedichts „CONRADs REISE" zu vertonen und dabei Neben- bzw. Zwischentöne mit einzuarbeiten. Eine zweite Gruppe vertont eine Moll-Version (ggf. ebenfalls mit Nebentönen). Der Rhythmus ist frei.

Beispiel 1 in Dur:

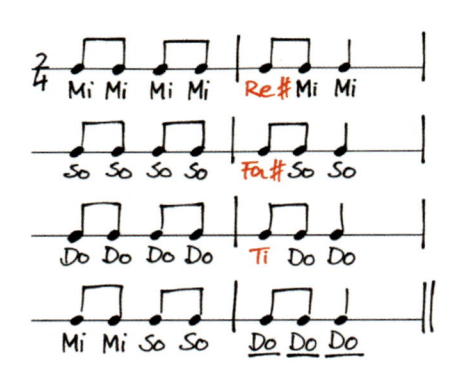

Man könnte meinen, dass dieses Kind seine „Fanfaren-Komposition" (aus Level 1) genommen und mit unteren Nebentönen „gewürzt" hat: das Re# zum Mi, das Fa# zu So – und das korrespondiert sehr schön mit dem Ti zum Do, das ja ohnehin an dieser Stelle wie ein Leitton wirkt. Das Kind hat also (unbewusst) die Nebentöne als „Leittöne" eingesetzt.

In der klassischen Notation (C-Dur) ergibt sich:

CON - RAD kommt an ei - nen Fluss, den er ü - ber - que - ren muss.
CON - RAD nimmt das C als Steg und geht wei - ter sei - nen Weg.

Beispiel 2 in harmonischem Moll:

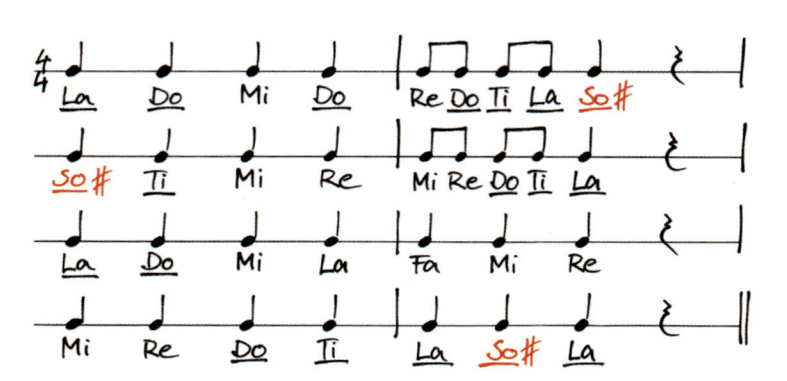

Dieses Kind ist schon weit fortgeschritten. Es hat der Melodie zuliebe in den Text eingegriffen und in Zeile 1 das Wort „CONRAD" wiederholt. Damit hat die Zeile zwei Silben mehr als in der Vorlage. Weil die Zeile 2 rhythmisch dieselbe ist wie Zeile 1, hat das zur Konsequenz, dass an dieser Stelle zwei Silben fehlen. Die gewinnt das Kind durch „Umdichtung".
Aus „den er überqueren muss" wird „den der CONRAD überqueren muss".

Selbsttest

In der klassischen Notenschrift (d-Moll) wäre das:

[Notenzeilen mit Text:]
CON-RAD, CON-RAD kommt an ei-nen Fluss, den der CON-RAD ü-ber-que-ren muss.
CON-RAD nimmt das C als Steg und geht wei-ter sei-nen Weg.

> Neben der Kompositionsaufgabe zu „CONRAD" bieten weitere Hör-Etüden (→ S. 117) die Möglichkeit zu prüfen, inwiefern die Kinder bereits eine innere Tonvorstellung entwickelt haben.

Liste weiterer geeigneter Lieder
(enthalten u. a. in den Liederbüchern SIM SALA SING 2019 ff. und SING & SWING 2014 ff.)

- **Audite silete**
  → z. B. SING & SWING
- **Bunt sind schon die Wälder**
  → z. B. SIM SALA SING und SING & SWING
- **Das rote Pferd**
  → z. B. SIM SALA SING
- **Die Hexe Wackelzahn**
  → z. B. SIM SALA SING
- **Einigkeit und Recht und Freiheit**
  → z. B. SING & SWING
- **Go Down, Moses**
  → z. B. SING & SWING
- **Heaven Is a Wonderful Place**
  → z. B. SING & SWING
- **Hoch auf dem gelben Wagen**
  → z. B. SING & SWING
- **Hurra, hurra, der Pumuckl ist da**
  → z. B. SIM SALA SING
- **Komm, lieber Mai**
  → z. B. SIM SALA SING
- **Mahna Mahna (The Muppet Show)**
  → z. B. SING & SWING
- **Qué será, será**
  → z. B. SING & SWING
- **Rock Around the Clock**
  → z. B. SING & SWING
- **Sometimes I Feel**
  → z. B. SING & SWING
- **The Little Drummer Boy**
  → z. B. SING & SWING
- **Wer hat an der Uhr gedreht (The Pink Panther)**
  → z. B. SING & SWING
- **Yesterday**
  → z. B. SING & SWING

Erwartungshorizont Level 6

Das haben die Kinder gelernt:

- ✔ leitereigene (Haupttöne) und leiterfremde Töne (Nebentöne) zu unterscheiden und in Melodien herauszuhören
- ✔ mit Nebentönen selbst eine Melodie zu variieren
- ✔ über eine harmonisch erweiterte Akkordstruktur zu improvisieren
- ✔ Durtonleitern und die verschiedenen Molltonleitern zu spielen und hörend zu unterscheiden
- ✔ „Tonfelder" mit Durcharakter und „Tonfelder" mit Mollcharakter hörend zu unterscheiden
- ✔ ein Gedicht mit dem neu erworbenen Wissen zu vertonen, wie z. B. den „CONRAD"

Ein Portfolio für jedes Kind zum Ausdrucken findet sich im Anhang → S. 137.

Level 7 Klingende Töne: alle Töne in allen Tonarten

> Mit der Darstellung der Töne im Fünflinien-Notensystem (der klassischen Notenschrift) lassen sich die Melodien auf bestimmte Tonhöhen festlegen. Diesen für das instrumentale Musizieren notwendigen Schritt machen die Kinder mit den Bausteinen auf Level 7. Grundsätzlich können wieder alle Aufgabenformate wie: eine Melodie nachbauen, umbauen, neu bauen usw. ausgeführt werden. Die Reihenfolge der Bausteine ist frei wählbar.

Im Deutschunterricht wird, bevor man die Buchstaben im Alphabet zusammenstellt, die Schrift nach und nach über Geschichten und Bilder entwickelt. Das Ziel ist das „sinnentnehmende" Lesen, anstatt Buchstaben nur zusammenhangslos aneinanderzureihen.

Auch im Musikunterricht geht es nicht darum, zuerst Töne in Tonleitern zu ordnen und so das Notenlesen zu lernen, ohne die Notenschrift dabei mit einer Tonvorstellung zu verknüpfen. Vielmehr bietet es sich unter Zuhilfenahme von tabDo! an, die Notenschrift in Verbindung mit bereits bekannten solmisierten Melodien einzuführen. Auf diese Weise kann das sinnentnehmende Notenlesen bei den Kindern angebahnt werden.

Hinweise:
- Auf diesem Level steht nun der gesamte Tonvorrat in allen Tonarten zur Verfügung.
- Die Kinder arbeiten auf diesem Level mit dem Noten-Bildschirm, um die Solmisationssilben mit dem Notenbild zu verknüpfen.

Einstieg: Solmisation und Notenschrift zusammenführen

Empfohlene Do-Position: Do auf **G**

Vorbemerkung
Als Einstieg in die Notenschrift genügt eine kleine dreitaktige Melodie, um eine erste Verknüpfung von Notenbild und Solmisationssilben herzustellen. Es soll erreicht werden, dass die Kinder mehr sagen können, als: „Die Noten heißen H, G, A, D, G."
Vielmehr soll die Zuordnung der Noten zu den Solmisationssilben eingeübt werden.

Erarbeitung

❶ Eine Melodie aus wenigen Takten wird an die Tafel geschrieben (→ Beispiel oben).

❷ Dann sagen Sie z. B.: „Die zweite Note ist das Do" und schlagen dazu auf dem Klavier das G an.

❸ Nun stellen die Kinder auf dem Noten-Bildschirm Do = G ein und bauen die Melodie nach, indem sie die anderen Töne im Notenbild wiederfinden.

❹ Die Töne werden mit den Solmisationssilben ergänzt und die Melodie gesungen: „Mi Do Re So Do."
Auf diese Weise werden die geschriebenen Noten und ihre Namen mit Tonhöhen verknüpft.

Im Folgenden werden bereits aus anderen Levels bekannte Melodien in Notenschrift umgesetzt: Es beginnt mit der Übertragung einfacher Lieder und steigert sich allmählich zu immer komplexer werdenden Melodien.

Baustein 1

Baustein 1: Eine Melodie in Notenschrift übertragen

Empfohlene Do-Position:
Bsp. 1: Do auf **F**
Bsp. 2: Do auf **C**

Vorbemerkung

Je nach Unterrichtskonzeption und Klassenstufe kann man schon auf Level 1 mit dem Notenlesen beginnen, z. B. anhand der Melodie von Big Ben (→ Level 1, Baustein 12). Diese Melodie haben die Kinder bereits nachgebaut und mit der vereinfachten Notenschrift notiert (→ Level 1, Bausteine 1–3). Auf Level 4 wurde das „ABC-Lied" auf gleiche Weise erarbeitet (→ Level 4, Baustein 1). Diese beiden Lieder dienen nun zum Erlernen der Notenschrift.

Erarbeitung

Die Melodie von Big Ben (Beispiel 1)

Musik: trad.

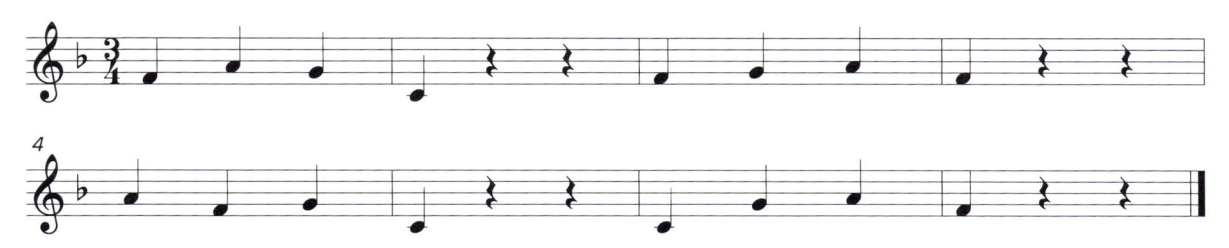

❶ Wir nehmen unseren „Nachbau" aus Level 1, stellen auf dem Noten-Bildschirm Do = F ein und lesen über den Solmisationssilben die entsprechende Tonnamen und die Noten.

❷ Dann notieren die Kinder die Noten in ein Fünflinien-Notensystem.

❸ Bei dieser Gelegenheit können sie bereits die Zuordnung „der Ton im ersten Zwischenraum heißt F" usw. lernen.

Darstellungsmöglichkeit 1:
Sie können wie hier die Noten zusammenhängend neben die vereinfachte Notation schreiben. Eine andere Möglichkeit zeigen wir im nächsten Beispiel.

Hinweis: Für das Übertragen der Melodie in Notenschrift benötigen die Kinder Notenpapier. Je nach Klassenstufe ist es ratsam Notenpapier mit möglichst großen Notenzeilen zu wählen, weil das Eintragen der Noten für Kinder in den ersten Schuljahren eine große Herausforderung bedeutet.

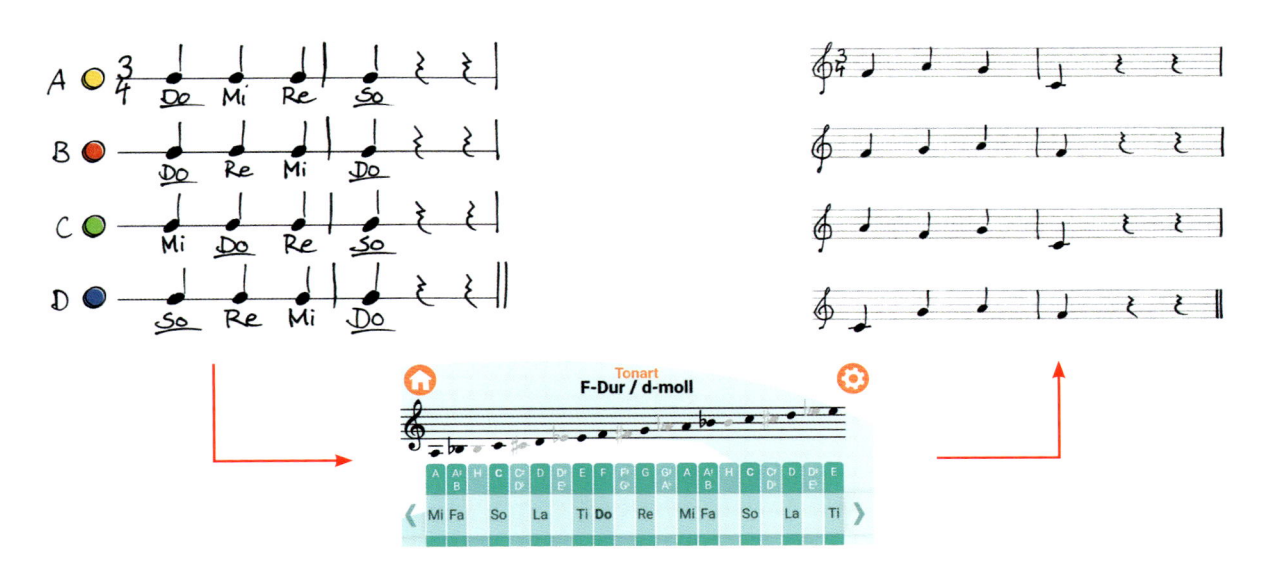

tabDo! · HELBLING   109

Level 7

ABC-Lied (Beispiel 2)

Text u. Musik: überliefert
Textänderung: Herbert Schiffels

[Notenbeispiel: ABC-Lied in C-Dur, 12 Takte]

A B C D E F G H I J K L M N O P
Q R S T und dann U, V und W kommt schnell da-zu.
Und zu-letzt X Yp-si-lon und Z. Al-le da, wir sind komp-lett!

Erarbeitung

❶ Auch hier nehmen wir wieder unsere vereinfachte Notation aus Level 4, stellen aber dieses Mal auf dem Noten-Bildschirm Do = C ein und lesen über den Solmisationssilben die entsprechende Tonnamen und die Noten.

❷ Wenn die Kinder die Melodie nun in der Notenschrift notieren, dann assoziieren sie immer wieder:
- C auf der ersten Hilfslinie
- G auf der zweiten Linie
- La im zweiten Zwischenraum
- Usw.

Darstellungsmöglichkeit 2:
Bei der hier vorgestellten Darstellungsmöglichkeit notieren Sie je eine Zeile der vereinfachten Notation unter oder über die leere Notenlinien und tragen die Noten entsprechend ein.

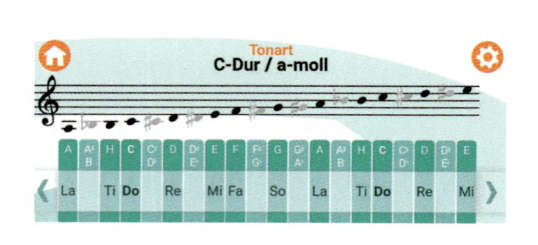

[Abbildung: Tonart C-Dur / a-moll Bildschirmansicht mit Solmisationssilben]

[Notenbeispiel mit handschriftlichen Silben: Do Do So So La La So / Fa Fa Mi Mi Re Re Re Re Do]

Variante für höhere Klassen: Ursprünglich war das „ABC-Lied" ein französisches Volkslied mit dem Titel „Ah! vous dirai-je, maman". Mozart hat über die Melodie zwölf Variationen (KV 265) geschrieben.

❸ Eine Übung dazu wäre, das Thema aus KV 265 zu hören und dabei die selbst notierten Noten mitzulesen.

❹ Weiterhin können die Kinder ihre Notation mit Mozarts Handschrift vergleichen (→ rechts oben). Höchstwahrscheinlich wird es einigen Kindern auffallen, dass in dieser Handschrift andere Noten stehen, als die, die sie notiert haben. An dieser Stelle können wir an bereits Bekanntes anknüpfen: Die Kinder haben schon gelernt, dass es ein tiefes Do und ein hohes Do gibt. Folglich muss es auch ein tiefes C und ein hohes C geben. Bei Mozart startet die Melodie auf dem hohen C, also eine Oktave höher.

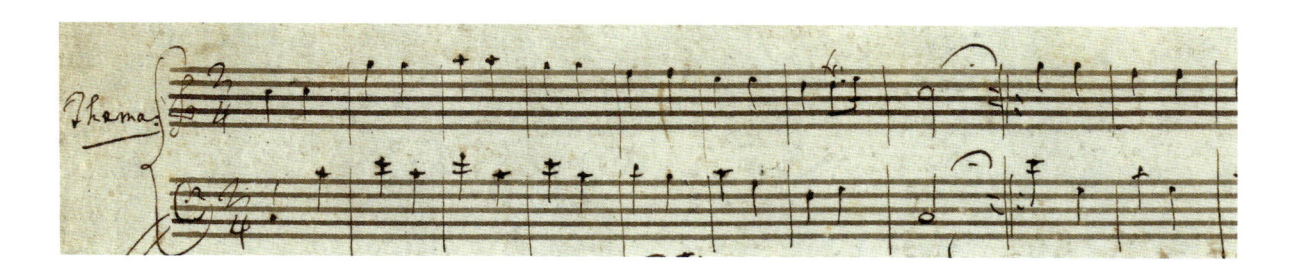

Baustein 2

Baustein 2: Eine Dur-Melodie in das gleichnamige Moll setzen (für höhere Klassen)

Empfohlene La-Position:
La auf **C**

Vorbemerkung

Alle großen Komponisten haben Stücke mit dem Titel „Thema und Variationen" geschrieben. Zu einem Thema in Dur gibt es fast immer auch eine Variation in Moll und umgekehrt. Meistens handelt es sich dabei um einen Wechsel in das Moll über dem gleichen Grundton. Steht also das Thema z. B. in C-Dur, dann steht die Mollvariation in c-Moll. Diese bezeichnet man als „Variation in gleichnamigem Moll" (**gleichnamiges Moll** → Glossar).

Auch eine von Mozarts zwölf Variationen (KV 265) über „Ah! vous dirai-je, maman" steht im gleichnamigen Moll. Indem wir unser Dur-Thema aus Baustein 1 („ABC-Lied") vom selben Grundton aus in Moll setzen, erkennen wir das Prinzip, das auch Mozart für seine Mollvariation verwendet hat.

Erarbeitung

Das Thema steht in C-Dur (also C = Do) und die Mollvariation in c-Moll. Das bedeutet also C = La.

C-Dur

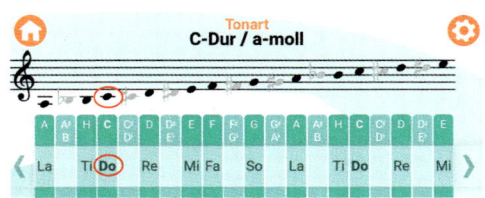

c-Moll

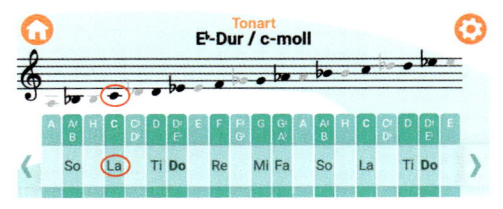

❶ Die Kinder stellen Do = C und lesen die Notennamen der für das „ABC-Lied" benötigten Töne „C D E F G A". Die Lehrkraft schreibt diese Noten an die Tafel.

❷ Die Kinder stellen La = C und lesen ab dem C aufwärts die entsprechenden Notennamen. Die Lehrkraft schreibt diese Noten in einer zweiten Zeile an die Tafel.

❸ Im Unterrichtsgespräch wird nun gelernt: Das b vor dem E (auf tabDo!: Eb) ist das Vorzeichen und macht das E tiefer (im Gegensatz zum auf Level 6 erlernten Vorzeichen #, das den Ton erhöht). Den Ton nennen wir ‚Es'. Genauso ist es mit dem A. Durch das Vorzeichen b wird es zu ‚As' (auf tabDo!: Ab).

Level 7

4 Aus dem Notenbild von Baustein 1 (dem C-Dur-Thema) wird also durch diese beiden Veränderungen eine Melodie in c-Moll.

5 Als nächstes sammeln wir die Vorzeichen und tragen sie einmal vor dem ersten Takt ein, um sie nicht jedes Mal notieren zu müssen. Und dann ändert sich das Notenbild so, wie wir es aus den Liederbüchern kennen:

Hinweis: Evtl. bemerken einige Kinder, dass hier drei b-Vorzeichen stehen, die Melodie aber nur zwei Vorzeichen enthält. Da in der Melodie kein Ton auf der dritten Linie vorkommt, ist dieser erniedrigte Ton nicht sichtbar. Mit Klassen der weiterführenden Schulen wird man an dieser Stelle auf die unterschiedlichen Positionen der Halbtonschritte bei Dur- und Molltonleitern und die sich daraus ergebenden Vorzeichen eingehen.

6 Nun bietet es sich an, einige der Variationen Mozarts anzuhören. In den Variationen 2, 4–6, 9 und 10 ist die Dur-Melodie kaum verändert. In Variation 8 erscheint die Melodie im gleichnamigen Moll, also in c-Moll. Die Kinder werden hörend erkennen, wie Mozart die Melodie be- und verarbeitet, denn er verwendet einige der Kompositionstechniken, die wir bereits in den vorhergehenden Levels kennengelernt haben (z. B. die Imitation). Die Kinder werden mit Freude bemerken, wie sehr sich ihr „Musikverstand" durch die Beschäftigung mit tabDo! und dem Spielen von Melodien schon entwickelt hat.

Baustein 3: Noten für transponierende Instrumente umschreiben (für höhere Klassen)

Empfohlene Do-Position: Do auf **F**

Vorbemerkung

Fast alle in den Liederbüchern abgedruckten Melodien stehen in C-, D-, F- oder G-Dur. Darüber hinaus werden im Schulalltag aber auch noch weitere Tonarten benötigt, z. B., wenn beim Klassenmusizieren sogenannte **transponierende Instrumente** (→ Glossar) mitspielen. Am meisten verbreitet sind die Klarinette und Trompete in B, sowie die Saxofone in B und Eb.
Der Noten-Bildschirm von tabDo! hilft beim Umschreiben der Stimmen für (transponierende) Instrumente. Das können die Kinder selber machen.

Ziel soll sein, ein Arrangement der Eurovisionsmelodie in F-Dur zusammen mit verschiedenen transponierenden Instrumenten zu musizieren. Auf Level 3, Baustein 3 wurde diese Melodie bereits thematisiert.

Baustein 3

Erarbeitung

Eurovisionsmelodie

Musik: Marc-Antoine Charpentier

① Wir notieren in gewohnter Form mithilfe der vereinfachten Notation den Rhythmus des Stücks und ergänzen die Solmisationssilben. So können wir die Melodie zunächst auf tabDo! selbst spielen.

② Dann machen wir uns klar, welche Noten wir schreiben müssen:
- Flöte (C-Instrument) = Noten in F-Dur. Hier können wir die Originalnotation von oben nehmen.
- Klarinette/Trompete (B-Instrumente) = Noten zwei Halbtöne höher, also in G-Dur, beginnend mit den Tönen D und G (Do = G).
- Altsaxofon (Eb-Instrument) = die Noten drei Halbtöne tiefer (bzw. neun Halbtöne höher), also in D-Dur, beginnend mit den Tönen A und D (Do = D).

③ Die Kinder können nun – wie in den vorigen Bausteinen beschrieben – auf dem Noten-Bildschirm die Töne vom jeweiligen Startton aus mithilfe der Solmisationssilben spielen und die Noten notieren.
Die Noten sehen dann so aus:

Noten für B-Instrumente (Klarinette, Trompete, Tenorsaxofon) in G-Dur

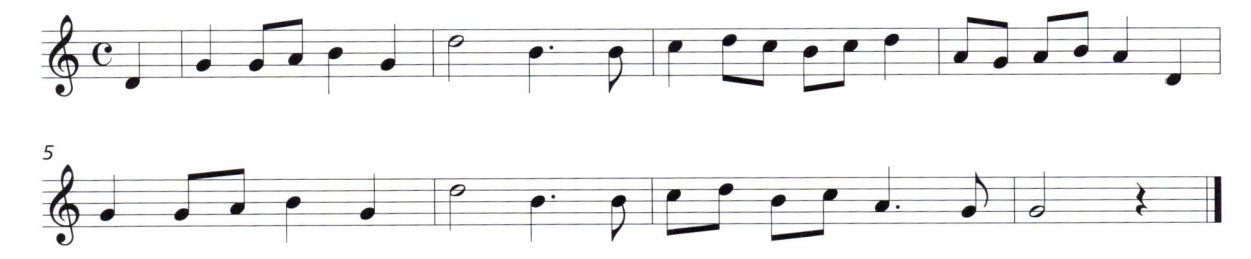

Noten für das Eb-Instrument Altsaxofon in D-Dur

tabDo! · HE_BLING 113

Level 7

Hinweis: So lesen die Kinder auf tabDo! die Noten. Damit die Melodie aber mit Altsaxofon gespielt werden kann, müssen wir die Noten eine Oktave nach oben transponieren:

Baustein 4: Noten auf die „klassische" Art lernen

Empfohlene Do-Position: beliebig

Erarbeitung

Die Namen der Noten und ihre Position auf den Notenlinien (z. B. „Wie heißt die Note im dritten Zwischenraum?") lernt man am besten auf die „klassische Art" und wie beim Vokabellernen.

Man deckt die Zeile mit den Notennamen z. B. mit einem Blatt Papier ab und nennt den Namen der Note. Dann deckt man die Notennamen auf und kann feststellen, ob die Antwort falsch oder richtig war. Diese Aufgabe eignet sich auch gut zu zweit.

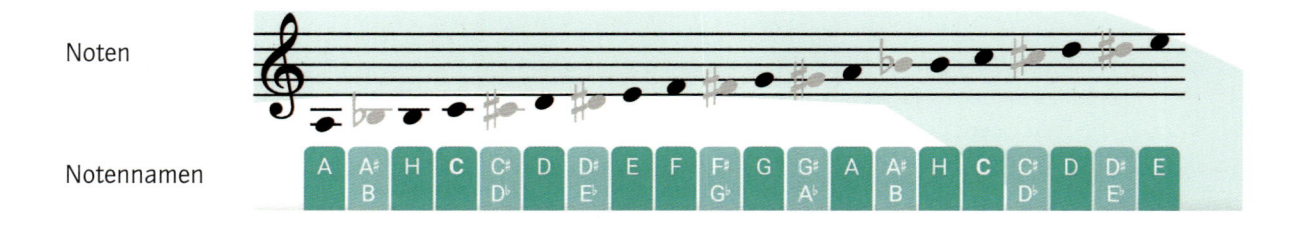

Noten

Notennamen: A | A♯/B♭ | H/B | C | C♯/D♭ | D | D♯/E♭ | E | F | F♯/G♭ | G | G♯/A♭ | A | A♯/B | H | C | C♯/D♭ | D | D♯/E♭ | E

Selbsttest: Sich eine unbekannte Melodie mithilfe der inneren Tonvorstellung erschließen

Empfohlene La-Position: La = **D**

Vorbemerkung

Am Ende der Arbeit mit tabDo! stellt sich die Frage: Haben die Kinder eine innere Tonvorstellung entwickelt und können eine unbekannte notierte Melodie singen? Können die Kinder Noten lesen? Hat sich das Arbeiten mit der Solmisation gelohnt?

Dazu eignet sich eine mit Sicherheit unbekannte Melodie, z. B. „Choshhalo shado chanddanam" (auch in SIM SALA SING), ein Volkslied aus dem Iran.

Selbsttest

Choshhalo shado chanddanam

Dt. Text, Gestaltung: Alwin Wollinger
Musik: überliefert
© (dt. Text) Helbling

Chosh-ha - lo sha-do chan-da - nam, ja - dre don - ja ra mi - da - nam.
Ich bin fröh - lich und hab Glück, komm, be - glei - te mich ein Stück.

Chan - de ko - nam man dast be - sa - nam man Pa be - ku - bam man sha - dan - am.
Lasst uns mit - ein - an - der gehn, schön, euch hier im Kreis zu sehn.

Erarbeitung

Im Unterschied zu unserer bisherigen Vorgehensweise werden wir das Lied <u>nicht</u> zuerst gemeinsam singen! Denn die Kinder sollen sich die Melodie selbst erarbeiten.

❶ Ohne tabDo!: Zunächst erkunden wir Form und Rhythmus des Lieds. Dazu zeigen wir den Kindern die abgedruckten Noten. Wie wir im Laufe der Arbeit mit tabDo! erkannt haben, lassen sich fast alle Melodien in vier Abschnitte mit jeweils zwei Takten aufteilen. Die Kinder zeichnen also wieder vier Linien und schreiben den Rhythmus in der vereinfachten Notation auf. Aus dem Rhythmus erschließen sie, welche Abschnitte gleich oder ähnlich sind und bezeichnen die Abschnitte mit Formbuchstaben. Dieser Rhythmus lässt vermuten, dass die Form der Melodie A A B A sein könnte. Damit wir ihn uns gut einprägen können, sprechen wir ihn mit unseren bekannten Rhythmussilben.

Hinweis: Die Rhythmussilben werden nicht notiert, sondern nur gesprochen!

❷ Mit tabDo!: Als nächstes erarbeiten wir uns die für uns unbekannte Melodie. Dazu stellen wir in tabDo! den Noten-Bildschirm ein. Das Lied steht in d-Moll, also stellen wir La auf Position D. Der Ton wird abgeschaltet, denn wir benutzen tabDo! nur zum Ablesen der Silben. Die Kinder erhalten den Auftrag, die Noten vom Liedblatt abzulesen, sie auf tabDo! wiederzufinden und die dazugehörigen Solmisationssilben unter die vereinfachte Notation zu schreiben. Als Hilfestellung kann der Anfangston vorgegeben werden (Mi = A).

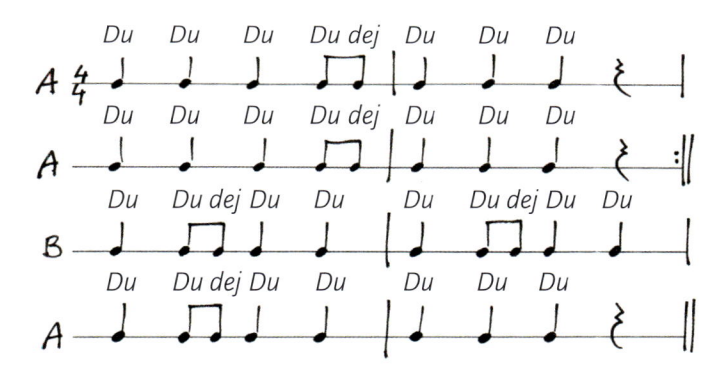

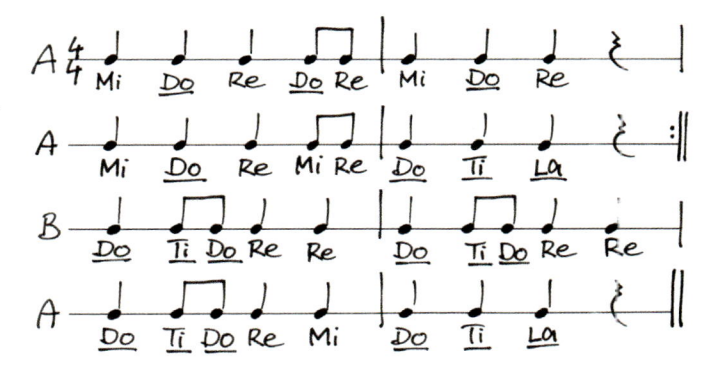

tabDo! · HELBLING 115

Level 7

❸ **Wie klingt nun die Melodie?** Um das herauszufinden, machen wir uns zunächst den Tonvorrat bewusst und bauen die Töne anschließend nach.
- **Ohne tabDo!:** Die Melodie bewegt sich im Tonraum La Ti Do Re Mi. Wir nehmen die eigene Hand zu Hilfe und singen die 5-Ton-Leiter rauf und runter und tippen dabei die Töne in die Hand.
- **Ohne tabDo!:** Im nächsten Schritt sollen die Kinder jetzt die Melodie in die Hand tippen und dabei die Töne summen oder singen. Entsteht die Melodie im Kopf?
- **Mit tabDo!:** Zur Kontrolle schalten die Kinder tabDo! ein und spielen die Melodie nun mit Ton.
Wenn alles stimmt: welch ein Erfolgserlebnis!

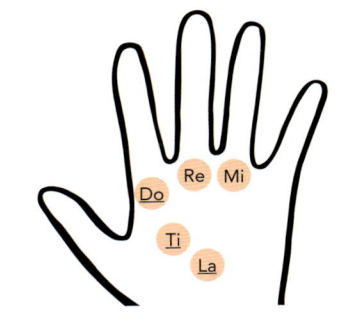

❹ **Formverlauf:** Aufgrund unserer Rhythmusnotation hatten wir anfangs vermutet, dass die Form A A B A ist. Wenn wir uns aber die Melodik anschauen, könnte man auch zu der Ansicht kommen, dass die Form A B C D sein könnte. Allerdings klingen die Abschnitte A und B verwandt und haben eine „Frage-Antwort-" Struktur. Ähnlich ist es mit C und D. Man könnte also auch sagen: die Form ist $A_1\ A_2\ B_1\ B_2$. Wie immer sind auch hier wieder verschiedene Ergebnisse möglich, sie müssen nur gut begründet sein.

Erwartungshorizont Level 7

Das haben die Kinder gelernt:

- ✔ die Noten und Notennamen mit den Solmisationssilben zu verbinden
- ✔ Melodien von der reduzierten Notenschrift in die „richtige" Notenschrift zu übertragen
- ✔ über dem gleichen Grundton die Dur- und Molltonleiter einzustellen
- ✔ Vorzeichen zu verwenden
- ✔ selbständig eine Melodie in andere Tonarten zu transponieren und die Noten zu notieren
- ✔ die Namen der Noten und ihre Position im Fünflinien-Notensystem zu verinnerlichen
- ✔ die Noten „sinnentnehmend" zu lesen
- ✔ eine Melodie mithilfe der entwickelten inneren Tonvorstellung zu erarbeiten

Ein Portfolio für jedes Kind zum Ausdrucken findet sich im Anhang → S. 137.

Anhang

Hör-Etüden

Hör-Etüden

Mit diesen zusätzlichen Etüden kann auf vielfältige Weise die innere Tonvorstellung trainiert werden. Im Folgenden stellen wir Ihnen Varianten vor, wie sich diese Hör-Etüden im Unterricht einsetzen lassen und wie Sie selbständig Hör-Etüden erstellen können.

Varianten zum Einsatz der Hör-Etüden

Variante A: Übung mit schriftlich notierter Tabelle

Überlegen Sie sich einige Tonfolgen (passend zum Level, auf dem Sie gerade arbeiten), beginnend und endend mit dem Grundton Do. Notieren Sie sie in Tabellenform an der Tafel und nummerieren Sie die Zeilen.

Hier ein Beispiel mit dem Tonmaterial auf **Level 1**.

1	Do	Mi	Re	Do
2	Do	Re	So	Do
3	Do	So	Re	Do
4	Do	Re	Mi	Do

❶ Zeigen Sie auf eine der Zeilen und singen sie die Tonfolge auf neutraler Silbe, z. B. „dum", mit gleich langen Tönen. Die Kinder antworten mit der gleichen Tonfolge, aber auf Solmisationssilben:

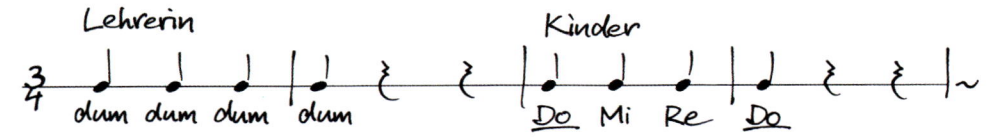

❷ Singen Sie eine Zeile auf neutrale Silbe. Die Kinder finden hörend heraus, welche Zeile gesungen wurde.

❸ Fehler-Melodie: Bevor Sie eine Zeile auf neutrale Silbe singen, sagen Sie den Kindern, dass Sie beim zweiten oder dritten Ton falsch singen werden. Die Kinder finden heraus:
  • an welcher Stelle (zweiter oder dritter Ton) falsch gesungen wurde. → leicht
  • welcher Ton statt des notierten gesungen wurde. → schwer

❹ Sing-Etüden:
  • Die Kinder singen die Tonfolgen auf Solmisationssilben hintereinander (Zeilen 1–4) wie eine Melodie auf z. B. folgende Rhythmen:

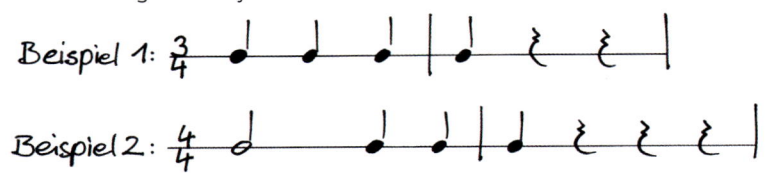

  • Die Kinder singen das Lied in einer neuen Reihenfolge, z. B. 4 3 2 1 (also rückwärts) oder 1 3 2 4 (gemischt).
  • Die Kinder singen die Tonfolgen spaltenweise z. B. Spalte 2: Mi Re So Re.

Auf diese Weise festigt sich nach und nach eine innere Tonvorstellung!

Hinweis: Die Tonfolgen sollten sowohl mit Solmisationssilben als auch immer wieder auf neutrale Silbe gesungen werden.

Anhang

Variante B: Übung ohne schriftlich notierte Tabelle

Überlegen Sie sich Tonfolgen, die aber nicht an die Tafel geschrieben werden. Singen Sie (oder spielen auf einem Instrument) die Tonfolgen und die Kinder erfassen diese hörend.

Hier ein Beispiel mit dem Tonmaterial auf **Level 2**.

1	Do	Mi	La	So
2	So	La	So	Mi
3	Mi	Re	Do	Re
4	Re	La	So	Do

Hinweis: Die Melodiezellen beginnen und enden nicht jedes Mal mit dem Grundton wie in Variante A. Sie sind angelegt wie eine Melodie in der Form A B C D und klingen hintereinander gesungen wie ein komplettes Lied. Um den Übergang von einer Zeile zur nächsten zu erleichtern, ist der letzte Ton einer Zeile derselbe wie der erste Ton der Folgezeile.

❶ Singen Sie die Zeilen langsam vor. Die Kinder erkennen hörend die Tonfolge und nennen die Solmisationssilben, die Sie dann Zeile für Zeile in die Tabelle eintragen.

Tipps:
- Wenn Sie die Tonfolge rhythmisieren, wird die Hörübung schwerer, aber weil die Tonfolgen rhythmisch belebt werden, klingen sie auch „musikalischer". Hier sehen Sie zwei mögliche Rhythmen:

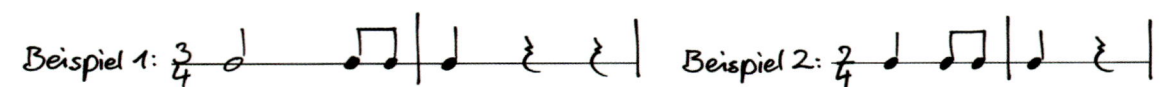

- Man kann auch den Rhythmus eines schon bekannten Lieds wählen, z. B. „Hello, Good Morning" oder „Lass doch den Kopf nicht hängen".

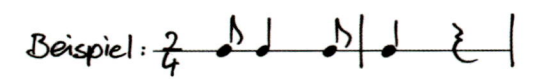

Hinweis: Die Tonsilben stehen nach der Hör-Etüde an der Tafel. Nun können Sie die gleichen Übungen damit machen wie in Variante A beschrieben.

Variante C: Trainingsblätter

Die Kinder malen eine Blanco-Tabelle und füllen sie nach und nach aus oder sie kleben eine Tabelle als Arbeitsblatt ins Heft. Diese Tabelle steht also ständig zur Verfügung. Mit ihr können die Kinder üben und Sie können sie für Ihre Etüden im Unterricht verwenden.

Hier ein Beispiel mit dem Tonmaterial auf **Level 3**.

1	Do	Re	Mi	Fa	So
2	So	Re	Mi	Fa	So
3	So	So	Fa	Mi	Re
4	Re	Fa	Mi	Re	Do
5	Do	So	Re	So	Mi
6	Mi	Do	Fa	Do	So
7	So	Do	Fa	Mi	So
8	So	So	So	So	Do

Hör-Etüden

Hinweis: Die Melodiezellen bestehen hier aus fünf Tönen, in Variante A und B waren es nur vier. Die Etüde ist angelegt wie eine zweiteilige Melodie. Die Zeilen 1–4 sind Teil eins, die Zeilen 5–8 sind Teil zwei. Wie in Variante B sind die Übergänge von einer Zeile zur nächsten so angelegt, dass der letzte Ton einer Zeile derselbe ist wie der erste Ton der Folgezeile.

❶ Die Kinder machen sich mit tabDo! als Feedback-Gerät zunächst mit den einzelnen Zeilen vertraut. Das erhöht die Erfolgswahrscheinlichkeit bei den weiteren Übungen. Eine derartige Vorbereitung könnten Sie auch als Hausaufgabe stellen.

❷ Sie können Übungen wie unter Variante A beschrieben machen mit nur den Zeilen 1–4 oder 5–8, weil diese in sich geschlossen klingen wie eine komplette Melodie.

❸ Als zusätzliche Herausforderung bietet es sich an, die Übungen mit allen acht Zeilen der Tabelle zu machen.

❹ Weil die Melodiezeilen nun aus fünf Tönen bestehen, sind weitere rhythmische Gestaltungen möglich (in den Beispielen ist jeweils die Tonfolge der Zeile 1 notiert):

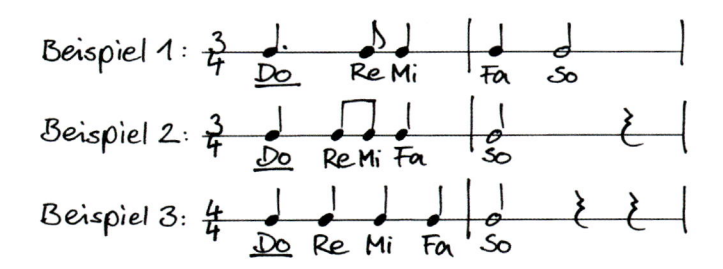

Beispiel 1: 3/4 Do Re Mi | Fa So |

Beispiel 2: 3/4 Do Re Mi Fa | So (Pause) |

Beispiel 3: 4/4 Do Re Mi Fa | So (Pause) (Pause) |

Variante D: Diktate mündlich und schriftlich

Die Kinder malen eine Blanco-Tabelle oder kleben eine leere Tabelle als Arbeitsblatt ins Heft. Mit solch einer Tabelle lassen sich Diktate und Tests ausführen.

Hier ein Beispiel mit dem Tonmaterial auf **Level 4**.

1	Do	Mi	So	Fa	Mi
2	La	Do	Mi	Re	Do
3	Do	Re	Mi	Do	La
4	Mi	Fa	So	Mi	Do

Hinweis: Wie hier dargestellt, können Sie Melodiefolgen mit Dur- und Mollcharakter einbauen, unabhängig davon, ob Dur und Moll schon thematisiert wurde.

❶ Diktate mündlich: „Übersetze diese Melodie in die Do-Re-Mi-Sprache". Singen Sie einzelne Zeilen auf eine neutrale Silbe, einzelne Kinder „übersetzen", indem sie dieselbe Tonfolge mit Solmisationssilben nachsingen.

❷ Diktate schriftlich: Diese mündlichen Übungen können Sie auch als Test mit der ganzen Klasse schriftlich machen. So bekommen Sie rasch einen Überblick, wie gut sich die Tonvorstellung der einzelnen Kinder entwickelt hat. Spielen oder singen Sie (auf neutraler Silbe) die Tonfolgen vor, die Kinder notieren in ihrer Tabelle die Solmisationssilben.

❸ Sie können auch die Kompositionstechniken einbauen, die die Kinder auf den Levels kennengelernt haben. Beispiel: Singen Sie eine Zeile, die die Kinder aufgeschrieben haben, rückwärts („Krebsgang"). Die Kinder notieren auch diese Tonfolge. Jetzt können Sie fragen, wie diese beiden Zeilen miteinander in Beziehung stehen und wie dafür der Fachbegriff heißt.

Hinweis: Beim Hören bemerkt man nicht, ob ein Krebs gesungen wurde. Wenn man die Melodie aber aufgeschrieben sieht, dann lässt sich z. B. ein Krebs leicht wiedererkennen.

Anhang

Beispiele für Level 5–8
(auch hier können die Varianten A–D durchgeführt werden)

Beispiel mit dem Tonmaterial auf **Level 5** (Ti–La)

1	Do	Re	Mi	Ti →	Do
2	Re	Mi	Fa	So	Mi
3	La	So	Fa	Mi	Re
4	So	Fa	Mi	Ti →	Do

Hinweis: Hier wird das Ti als Leitton zum Do herausgehoben.

Beispiel mit dem Tonmaterial auf **Level 5** (Do–Do)

1	Do	Do	Ti	La	So
2	La	La	So	Fa	Mi
3	So	So	Fa	Mi	Re
4	Fa	Fa	Mi	Re	Do

Hinweis: Hier ist Ti nicht Leitton, sondern Durchgangston. Die Zeilen 2, 3 und 4 sind Sequenzen der Zeile 1.

Beispiel mit dem Tonmaterial von **Level 6**

1	Do	Mi	Re#	Mi
2	Mi	So	Fa#	So
3	Re	Do#	Re	Fa
4	Fa	Mi	Re	Do

Hinweis: Zwar stehen alle sieben Töne der Tonleiter zur Verfügung, aber dieses Beispiel benutzt nur Do Re Mi Fa und So. Dadurch wird es einfacher, die Nebentöne Do#, Re# und Fa# zu erkennen. Nebentöne sind der Schwerpunkt auf Level 6.

Beispiel mit dem Tonmaterial von **Level 6**, dieses Mal mit Mollcharakter

1	La	So#	La	Mi
2	Fa	Mi	Re	Mi
3	La	Ti	Do	Ti
4	Ti	La	So#	La

Hinweis: Die Charakteristik des harmonischen Moll ist die erhöhte 7. Stufe (das So wird zum So#). Deshalb rückt diese Hör-Etüde die typische Wendung La-So#-La in den Fokus.

Help yourself – Anleitung zur Erstellung von Hör-Etüden

Nach dem Muster der Beispiele aus den vorigen Seiten können Sie beliebig viele weitere Hör-Etüden selbst erstellen. Verfahren Sie dabei nach folgendem Rezept:

Sie notieren sich Tonfolgen in Tabellenform. Die Tonfolgen:

- sollten sinnvoll, d. h. melodisch klingen.
- können behandelte Schwerpunkte des aktuellen Levels beinhalten, also z. B. Sequenzen (Level 3) oder Nebentöne (Level 6). Das eröffnet die Möglichkeit, zusätzlich zur Höraufgabe Verständnisfragen zu stellen.

Diese Tabelle kann nun auf vierfache Weise eingesetzt werden:

Variante A: Sie schreiben die Tabelle und arbeiten damit.

Variante B: Sie singen aus Ihrer Tabelle.

Variante C: Die Kinder schreiben nach und nach die Tabelle ins Heft oder füllen ein Arbeitsblatt aus, das immer wieder verwendet wird.

Variante D: Sie nutzen Ihre Tabelle für Diktate.

Anhang

Glossar

- *Kursiv* gesetzte Begriffe haben einen eigenen Eintrag im Glossar.
- **Fett** gedruckte Begriffe sind Schlüsselbegriffe der Methode.
- Themen der Musiktheorie werden mit Solmisationssilben beschrieben.

absolutes Gehör	Die Fähigkeit, eine gehörte Tonhöhe sofort zu definieren. Etwa einer von 10 000 Menschen besitzt das absolute Gehör, was aber nicht bedeutet, dass dieser Mensch auf jeden Fall auch musikalisch ist.
	Beispiel: Die Lehrkraft schlägt auf dem Klavier ein eingestrichenes D an. Ein Kind mit absolutem Gehör kann sagen: „Das ist ein eingestrichenes D."
Audiation	Der Musikpädagoge Edwin Gordon leitet von lateinisch „audire" (hören) die Kunstwörter „to audiate" und „Audiation" ab. Gemeint ist damit: „spezifisch musikalisch denken". → *Tonvorstellung* → *Tonbewusstsein* → *phonologische Bewusstheit*
	Beispiel: Wenn die Kinder eine Melodie in ihrer Vorstellung ablaufen lassen, die Melodie also denken, dann „audiieren" sie.
Aufmerksamkeit	Das menschliche Gehirn kann nicht beliebig viele Reize auf einmal aufnehmen oder verarbeiten. Mit tabDo! wird die Aufmerksamkeit auf melodische Gestalten gelenkt, um die Sinneswahrnehmung für Tonhöhen zu schärfen. → *Gestaltgesetze* → *Tonbewusstsein* → *Tonvorstellung*
Auftakt	Ein unvollständiger Takt meist am Beginn eines Musikstücks. Bei Liedern oft von der Silbenverteilung des Textes abhängig.

	Beispiel: (unterstrichene Silben deuten die Taktbetonung an): Das „ABC-Lied" beginnt auf dem betonten Schlag 1:
	      | A̲ B C D | E̲ F G.
	 „Bi-Ba-Butzemann und seine Freunde" dagegen beginnt unbetont mit einem Auftakt:
	    Es | tanzt ein Bi-Ba- | But- ze-mann

Bass-Ostinato	Die ständige Wiederholung einer gleichbleibenden Tonfolge in der Bassstimme. In der Pop- und Rockmusik heißt dieses musikalische Gestaltungsmittel „loop". Allen Kompositionen mit dem Titel „Chaconne" oder „Passacaglia" liegt ein Bass-Ostinato zugrunde.
	Beispiel: Das berühmteste Bass-Ostinato ist wohl die Basslinie im D-Dur-Kanon von Johann Pachelbel.
Beat	→ *Grundschlag* → *Makrobeat* → *Mikrobeat*
Beziehung Silben–Töne	→ *Wort-Ton-Verhältnis*
black box	Wir funktionieren Melodien? Um das herauszufinden, spielen wir mit ihnen. Das lernpsychologische Modell dafür ist die black box (→ *Feedback*). Wir stecken Melodien als input hinein. Was im schwarzen Kasten passiert, ist ein sich selbst steuernder Lernprozess, es entsteht ein „Verständnis". Am Ende kommen neue Melodien heraus (output).

Glossar

Diatonik	Diatonik teilt die Oktave in sieben Töne mit → *Halbtonschritten* und → *Ganztonschritten*. → *Dur* → *Moll* → *Solmisation*
Dreiklang	Dreiklänge werden nach dem Muster 1-3-5 gebildet (Grundton-Terzton-Quintton, z. B. Do-Mi-So). → *Durdreiklang* → *Molldreiklang*

Dreiklangsumkehrung	Einen Dreiklang kann man zweimal umkehren:
	 Do-Mi-So ist die Grundstellung.
	     Mi-So-Do ist die erste Umkehrung.
	         So-Do-Mi ist die zweite Umkehrung.

Dur	Unsere Lieder lassen sich zu einem Großteil den beiden Tongeschlechtern Dur und Moll zuordnen. Melodien in Dur haben den → *Grundton* Do und verwenden Töne der → *Durtonleiter*.
Durdreiklang	Aus den Tönen Do Re Mi Fa So La Ti lassen sich mit dem Aufbau: große Terz + kleine Terz die Dreiklänge (Do-Mi-So), (Fa-La-Do), (So-Ti-Re) bilden. Sie bekommen die Kennzeichnung Dur und klingen hörbar anders als → *Molldreiklänge*. Beispiel: „Hört, ihr Herrn und lasst euch sagen" beginnt mit einem Durdreiklang: Do-Do-So-So-Mi-Mi-Do-Do.
Dur-Pentatonik	Die pentatonische Tonleiter besteht nur aus den fünf Tönen Do Re Mi So La, dabei kann jeder Ton → *Grundton* sein. Wenn Do der Grundton der Melodie ist, dann spricht man von Dur-Pentatonik. Beispiel: Das Lied „Old Mac Donald's Orchester" besteht aus Tönen der Dur-Pentatonik.
Durtonleiter	Diese Tonleiter besteht aus folgenden Tönen: Do Re Mi Fa So La Ti Do. → *Solmisation*
Echo	In der Musik bedeutet „Echo" die Wiederholung einer kurzen Tonfolge in verminderter Lautstärke.
Feedback	tabDo! gibt dem Ohr eine Rückmeldung (Feedback) und die Kinder beurteilen ihre Aktivitäten weitgehend selbst. → *black box* Beispiel: Die Kinder tippen, was sie „musikalisch denken" und hören dann, ob der reale Klang dem entspricht, was sie sich vorgestellt haben. Gleichzeitig sehen sie, wie die Töne heißen. So präzisiert sich nach und nach eine → *Tonvorstellung*.
Fehler-Melodie	Vorgegeben wird eine Melodie mit falschen Tönen. Die Aufgabe: „Finde die falschen Töne und korrigiere sie" (Beispiel auf S. 58).
Fermate ⌢	Ein Ruhepunkt im Ablauf einer Melodie, das Metrum wird nach Gefühl für kurze Zeit angehalten (Beispiel auf S. 83).
Form(ablauf)	Die Art der Zusammensetzung der Melodie aus einzelnen Formteilen. Die meisten Kinderlieder sind vierteilig (A A B A / A B A B / A B B A).

Anhang

Ganztonschritte	Beispiele: Do-Re / Re-Mi / Fa-So / So-La / La-Ti Im Unterschied zu → *Halbtonschritte*
Gestaltgesetze	Das Auf und Ab der Töne formt (gestaltet) wiedererkennbare Sinneinheiten (Gestalten). Was wir im Gedächtnis behalten, sind nicht einzelne Töne, sondern Gestalten, die sich zusammenfügen zu einem Ganzen, einer Melodie. Die Gestalttheorie ist ein Teilgebiet der Kognitionswissenschaften. Der Hauptsatz lautet: „Das Ganze ist mehr als die Summe seiner Teile". Die sogenannten Gestaltgesetze formulieren, wie die Sinneswahrnehmung auf universal gültige, angeborene Weise strukturiert werden. Sie gelten insbesondere auch für das Hören (auch S. 4). Beispiele: • Prägnanz: Einfache und einprägsame Tonfolgen werden bevorzugt wahrgenommen. → *Melodiezelle* • → *Transpositionsunabhängigkeit*
gleichnamiges Moll	„Gleichnamig" meint Dur- und Molltonleitern vom gleichen Grundton aus. Beispiel: Wenn man das Do auf den Ton D setzt, dann bilden Do Re Mi Fa So La Ti Do die D-Dur-Tonleiter. Setzt man das La auf das D, dann bilden La Ti Do Re Mi Fa So La die d-Moll-Tonleiter. Weitere Beispiele: C-Dur/c-Moll, F-Dur/f-Moll, A-Dur/a-Moll
Grundschlag	Gesungen wird über einem → *Metrum*, dessen Grundschläge (→ *Beat*) die Zeit in gleichlange Abstände unterteilen. Der Text wird beim Singen in dieses Raster eingepasst. → *Takt* → *Makrobeat* → *Mikrobeat*
Grundton	Wie Subjekt, Prädikat, Objekt usw. im Geflecht der Worte verschiedene Funktionen haben, so spielen die Töne in ihrem melodischen Auf und Ab verschiedene Rollen. Der Grundton ist so etwas wie das Gravitationszentrum für die anderen Töne. → *Grundton in Dur* → *Grundton in Moll*
Grundton in Dur	Der Ton, von dem aus die → *Durtonleiter* gebildet wird: Do
Grundton in Moll	Der Ton, von dem aus die → *Molltonleiter* gebildet wird: La
Grundton-Gefühl	Welcher der Töne einer Melodie der → *Grundton* ist, dafür entwickelt man im Laufe der Zeit ein „bewusstes Gefühl".
Guido von Arezzo	Der Mönch und Musiktheoretiker lebte um 992–1050 und hat die Methode der → *Solmisation* in die Musikpädagogik eingeführt. → *Guidonische Hand*
Guidonische Hand	Diese Idee der Positionierung der Solmisationssilben in der Hand geht auf → *Guido von Arezzo* zurück.
Halbtöne	→ *Halbtonschritte*
Halbtonschritte	Beispiele: Mi-Fa / Ti-Do Im Unterschied zu → *Ganztonschritte*

Glossar

Imitation	Eine Tonfolge imitiert hörbar eine vorangegangene Tonfolge mehr oder weniger genau (z. B. Do Fa Mi Do, Imitation: Mi La So Mi).
Intervalle	Sekunden: Do-Re, Re-Mi, Mi-Fa usw. Terzen: Do-Mi, Re-Fa, Mi-So usw. Quarten: Do-Fa, Re-So usw. Quinten: Do-So, Re-La usw. Sexten: Do-La, Re-Ti usw. Septen: Do-Ti, Re-Do usw.
Kanon	Eine kunstvoll komponierte Melodie, die sich selber zweimal, dreimal oder noch öfter begleiten kann. Wenn man intensiv mit Melodien spielt, kann man herausfinden, wie man vorgehen muss, um einen Kanon zu komponieren.
Krebs(gang)	Die Spiegelung einer Tonfolge an einer Vertikalachse. Die Tonfolge läuft rückwärts zum Anfangston zurück (z. B. Do Mi Re Fa So | So Fa Re Mi Do). Der Krebs ist eine Spezialform der → *Symmetrie*.
Leitton	Oft klingt eine melodische Wendung so, als dränge es das Ti zum Do oder das Fa zum Mi. Dann sind Ti und Fa Leittöne.
Lücken-Melodie	Analog Lücken-Text im Sprachunterricht (Beispiel auf S. 41). Vorgegeben ist eine → *vereinfachte Notation* mit Lücken. Aufgabe: „Ergänze die fehlenden Töne".
Makrobeat	Der Makrobeat ist der Grundschlag einer Melodie. Er ist der Puls, über dem Rhythmen mit Makrobeats und Mikrobeats laufen. Den Makrobeat muss man spüren, wie wenn innerlich ein lautloses Metronom ticken würde. → *Beat* → *Grundschlag* → *Mikrobeat*
Melodiegestalt	Eine Melodiegestalt wird definiert als zeitlich ablaufende Tonfolge. Jede Tonfolge wird durch ein Auf und Ab der Töne in Tonschritten oder -sprüngen (Intervalle) sowie einen Rhythmus als charakteristische Gestalt wahrgenommen und kann so vom menschlichen Bewusstsein erinnert werden. → *Gestaltgesetze* Beispiel: Die erste → *Melodiezelle* von „Bruder Jakob" (Do Re Mi Do) ist eine Melodiegestalt.
Melodiemodelle	Melodien, die prototypisch eine große Anzahl ähnlicher Melodien repräsentieren. Beispiel: „Taler, Taler, du musst wandern" ist ein Prototyp (Muster) für eine Melodie, deren Töne nur auf dem Beat liegen sowie für eine vierteilige A_1A_2BC-Form, bei der A_2 eine → *Sequenz* zu A_1 bildet.
Melodiezelle	Melodiezelle ist ein Synonym für den Begriff Motiv, den die Musikwissenschaft so definiert: Motiv = kleinste sinntragende Einheit. Oder: Motiv = musikalische Keimzelle. → *Gestaltgesetze* und → *pattern* Beispiel: „Kuckuck" (So-Mi) ist eine Melodiezelle. Das „Schicksalsmotiv" (Mi-Mi-Mi-Do) zu Beginn von Beethovens 5. Sinfonie ist eine Melodiezelle.

Anhang

Metrum	Der im Hintergrund „gedachte" regelmäßige → *Grundschlag* oder → *Beat*, der die Zeit in gleiche Abstände unterteilt. Hörbar wird das Metrum, wenn man ein Metronom beim Musizieren mitlaufen lässt.
Mikrobeat	Die nächstkleinere Einheit, die die Makrobeats weiter unterteilt. → *Beat* → *Makrobeat* → *Grundschlag*
Moll	Melodien in Moll haben den → *Grundton* La und verwenden als → *Tonvorrat* die → *Molltonleitern*.
Molldreiklang	Aus den Tönen Do Re Mi Fa So La Ti lassen sich mit dem Aufbau: kleine Terz + große Terz die Dreiklänge (La-Do-Mi), (Re-Fa-La), (Mi-So-Ti) bilden. Sie bekommen die Kennzeichnung Moll und klingen hörbar anders als → *Durdreiklänge*. Beispiel: „What Shall We Do With the Drunken Sailor" beginnt mit einem Molldreiklang: La La La La La La La Re Fa La.
Moll-Pentatonik	Die pentatonische Tonleiter besteht nur aus den fünf Tönen Do Re Mi So La, dabei kann jeder Ton Grundton sein. Wenn La der → *Grundton* der Melodie ist, dann spricht man von Moll-Pentatonik (z. B. Blues-Melodien).
Molltonleitern	Es gibt drei Molltonleitern: Natürliches (äolisches) Moll: La Ti Do Re Mi Fa So La Harmonisches Moll: La Ti Do Re Mi Fa So# La Melodisches Moll: La Ti Do Re Mi Fa# So# La Lieder in Moll bewegen sich meist im natürlichen Moll.
Musik und Bewegung	Musik löst spontane Bewegungen aus, die mit dem → *Grundschlag* oder → *Beat* synchronisiert ablaufen. Aus der Musik heraus gedachte Gestaltungen dieser Bewegungsimpulse sind Elemente unmittelbaren Musiklernens. Notwendiges Komplement dazu ist die → *Audiation*.
nachbauen, eine Melodie	Eine Melodie nachbauen heißt: alle Töne der Melodie der Reihe nach mit den Solmisationssilben bezeichnen.
Notenschrift	„Sound before sign" ist der natürliche Entwicklungsweg, sowohl sprachlich wie auch musikalisch. Unsere Notenschrift ist weder notwendig noch hinreichend für die Entwicklung der grundlegenden Musikalität. Zu früh eingesetzt ist sie sogar eher hinderlich. Jedoch konkretisiert sie die zunächst improvisierten und praktisch erarbeiteten Melodien.
paralleles Dur	„Parallel" bedeutet hier, dass alle Töne der Molltonleiter eine Terz nach oben versetzt werden, also: La → Do, Ti → Re, Do → Mi usw.
paralleles Moll	„Parallel" bedeutet hier, dass alle Töne der Durtonleiter eine Terz nach unten versetzt werden, also: Do → La, Re → Ti, Mi → Do usw.
pattern	Kurze, sehr häufig vorkommende → *Melodiezellen* heißen auch Melodie-patterns. Ebenso gibt es Rhythmuspatterns.

Glossar

phonologische Bewusstheit	Phonologische Bewusstheit ist ein Terminus der Sprachpädagogik. Dabei geht es um Laute, Silben, Wörter und Sätze. Analog dazu entwickelt das → *Tonbewusstsein* eine Vorstellung von Tönen, Tonverbindungen, Melodiezellen und Melodien. → *Tonvorstellung* → *Audiation*
Prosodie	Dieser Begriff bezeichnet das Auf und Ab und die rhythmische Gestaltung der Sprechstimme, die „Sprachmelodie".
Sequenz	Eine Tonfolge wird verschoben und von einer anderen Tonstufe aus wiederholt (z. B. La Ti Do Ti La / Ti Do Re Do Ti / Do Re Mi Re Do). Die Sequenz ist eine Spezialform der → *Symmetrie*.
singen	Das Singen einfacher Melodien ist ein rhythmisches Sprechen auf Tonstufen.
Solmisation(ssilben)	Die (von → *Guido von Arezzo* entwickelte) Lautierung der Töne mit den Silben Do Re Mi Fa So La Ti unabhängig von konkreten Tonhöhen ermöglicht eine erste, präzise Kennzeichnung von Melodieverläufen. Die Silben sind das geistige Repräsentationswerkzeug für die innere → *Tonvorstellung*, denn anders als die Tonnamen (C, Cis, Des, D usw.) sind die Solmisationssilben „Zeigewörter". Do z. B. ist immer der Grundton in Dur, egal ob Do auf C, Cis, Des usw. gesungen wird. → *Transpositionsunabhängigkeit* → *Diatonik*
sound before sign	„Klang vor Zeichen": So wie Kinder zuerst sprechen und erst viel später schreiben und lesen lernen, so sollten sie singen und musizieren, bevor sie Noten lesen und schreiben lernen.
Spiegelung	Die Spiegelung ist eine Spezialform der → *Symmetrie* (→ *Krebsgang*).
Sprechen über Musik	Die Kinder lernen, sich mit dem im Laufe der Zeit erworbenen Fachvokabular immer genauer auszudrücken, wenn sie über Musik sprechen.
Symmetrie	In der zweidimensionalen Geometrie sind Symmetrien leicht zu erkennen: Verschiebungen, Achsenspiegelungen, Punktspiegelungen, Drehungen und in weiterem Sinne Vergrößerungen, Verkleinerungen und Ähnlichkeiten. Musik hat nur eine Richtung: Sie läuft mit der Zeit. Deshalb sind nur sehr einfache Symmetrien leicht zu hören und zu erkennen, z. B., wenn ein Rhythmus ständig wiederholt (verschoben) oder wenn ein Melodieteil unmittelbar wiederholt (verschoben) wird (z. B. „Oh when the Saints | go marchin' in". Symmetrien bewirken das Gefühl: Die Melodie (das Musikstück) ist gestaltet, geordnet, geformt, fasslich, wiedererkennbar. Im Riemann-Musiklexikon ist unter „Symmetrie" zu lesen: „Symmetrie hat ihre natürliche Heimat im Lied und Tanz und ist von hier aus mehrmals und in verschiedener Weise in die Kunstmusik eingedrungen." Deshalb kann man sagen: Kinderlieder sind der musikalische Wachstumskern. → *Gestaltgesetze* → *Krebsgang* → *Sequenz*
Takt	Regelmäßig wiederkehrende Betonungen des → *Beat* gliedern das → *Metrum* in Takte.

Anhang

Tonbewusstsein	→ *phonologische Bewusstheit* → *Tonvorstellung* → *Audiation*
Tonleiter	Aus jedem der sieben diatonischen Tönen kann eine Tonleiter aufgebaut werden. Zwei davon sind die gebräuchlichsten: → *Dur* und → *Moll*. Es gibt aber auch Tonleitern mit nur fünf Tönen: die → *Moll-Pentatonik* oder → *Dur-Pentatonik*.
Tonvorrat	Mit dem Tonvorrat einer Melodie bezeichnet man die für die Melodie benötigten Töne. Beispiel: Der Tonvorrat der Big-Ben-Melodie ist So Do Re Mi.
Tonvorstellung	→ *Audiation* → *Tonbewusstsein* → *phonologische Bewusstheit*
transponierende Instrumente	Für etliche Instrumente muss – oft aufgrund der Bauweise der Instrumente – die Stimme in einer anderen Tonart notiert werden als der tatsächlich klingenden (z. B. muss eine Melodie in C-Dur für eine Klarinette in D-Dur und für ein Altsaxofon in A-Dur notiert werden). Die gängigsten transponierenden Instrumente sind: Trompete in B, Klarinette in B, Tenorsaxofon in B, Altsaxofon in Eb, Horn in F.
Transpositions-unabhängigkeit	Eine Melodie ist eindeutig zu identifizieren, egal wie hoch oder tief sie erklingt. Das ist die kognitionswissenschaftliche Begründung für die → *Solmisation*. Beispiel: Ob ein Bild höher oder tiefer aufgehängt wird, es bleibt dasselbe Bild. Es ist egal, ob eine Dur-Melodie in C-Dur, D-Dur oder Eb-Dur erklingt, es bleibt dieselbe Melodie.
umbauen, eine Melodie	Eine Melodie umbauen heißt: Man verwendet denselben → *Tonvorrat* einer Melodie, aber verändert die Reihenfolge der Töne. Eine Melodie kann sich auf diese Weise wenig oder sehr stark verändern.
vereinfachte Notation	Wir reduzieren die Notenschrift so, dass alle Noten einer Melodie auf nur einer Linie jedoch im Melodierhythmus notiert sind. Der melodische Verlauf wird also nur durch die unter den Noten stehenden Solmisationssilben und die innere Tonvorstellung „sichtbar". Diese reduzierte Notenschrift können auch Kinder ohne Vorwissen lesen und notieren.
Wort-Ton-Verhältnis	In Kinderliedern, Chorälen und Popsongs kommt meistens eine Silbe auf einen Ton. Das Wort-Ton-Verhältnis ist 1:1. Deswegen ist deutliches Singen gleichzeitig eine hervorragende Sprachförderung. → *Beziehung Silben–Töne*

Liederliste

Auswahl geeigneter Lieder eingeteilt nach Levels.
Fett gedruckte Titel sind im Buch behandelt.

Die Angaben beziehen sich auf
SIM SALA SING 2019 ff. und SING & SWING 2014 ff.

Titel	z. B. in **SIM SALA SING**	z. B. in **SING & SWING**
Level 1		
Big-Ben-Melodie (→ S. 18)		
Die Pepperbillies	■	
Don't Worry, be Happy, Strophe		■
Hoch im Kirchturm (→ S. 23)		
Ich geh mit meiner Laterne (→ S. 44)	■	
Komm, mein Pferdchen	■	
Merrily We Roll Along		
The Bogeyman		■
Level 2		
Amazing Grace		■
Burden Down Lord		■
Das kleine Hut-Rondo (→ S. 40)	■	
Der musikalische Wasserhahn	■	
Ein Loch ist im Eimer		■
Einmal um die Welt		■
Every Morning / Every Day		■
Fivehundred Miles		■
Fremd		■
Hej ya	■	
In the Summertime		■
Lass doch den Kopf nicht hängen	■	■
Let Your River Flow		■
Mercedes Benz		■
Nehmt Abschied, Brüder		■
New Soul		■
Nobody Knows the Trouble		■
Old Mac Donald's Orchester (→ S. 41)	■	
Sing, Sing, Sing	■	
Somebody's Knocking		■
Stern über Bethlehem		■
Sunny		■
Swing Low, Sweet Chariot		■
Wenn der Elefant in die Disco geht	■	

Anhang

Titel	z. B. in SIM SALA SING	z. B. in SING & SWING
Level 3		
Bi-Ba-Butzemann und seine Freunde (→ S. 55)	■	
Big Big World		■
Der Herbst ist da	■	
Down By the Riverside		■
Eurovisionsmelodie (→ S. 58)	■	■
Freude, schöner Götterfunken (→ S. 57)	■	■
Hänschen klein		
Hänsel und Gretel		
Ich kenne einen Cowboy (→ S. 50)	■	
Jingle Bells, Refrain	■	■
Oh, When the Saints (→ S. 60)	■	■
Row Your Boat		■
Summ, summ, summ, Bienchen, summ herum	■	
The Lion Sleeps Tonight		■
Un kilomètre à pied	■	
Winter ade		
Level 4		
ABC-Lied (→ S. 71)		
Aber bitte mit Sahne		■
Alle Vögel sind schon da	■	
Am Brunnen vor dem Tore		■
Auf der Mauer, auf der Lauer (→ S. 72)	■	
Banuwa-Round		■
Bruder Jakob (→ S. 74)	■	
Coins Are Round		■
Das Clowngesicht	■	
Der Kuckuck und der Esel	■	
Der Mond ist aufgegangen	■	■
Ein Männlein steht im Walde	■	
Es ist für uns eine Zeit angekommen		■
Hambani kahle	■	
Hört der Engel helle Lieder		■
Hurra, ich bin ein Schulkind	■	
I am Sailing		■
I Shall Sing		■
I Still Haven't Found What I'm Looking For		■
Ihr Kinderlein kommet	■	
Jetzt ist es Zeit zu singen		■
Kommt und lasst uns tanzen	■	
Lasst uns froh und munter sein	■	

Liederliste

Titel	z. B. in SIM SALA SING	z. B. in SING & SWING
Miteinander		■
Oh, Susanna		■
Oh, wie wohl ist mir am Abend (→ S. 75)		■
Peace to the World		■
Tiritomba	■	
Yellow Submarine		■

Level 5

Titel	z. B. in SIM SALA SING	z. B. in SING & SWING
Alle Jahre wieder	■	
Alle Kinder lernen lesen	■	
Another Brick in the Wall		■
Au clair de la lune		■
Auf de schwäbsche Eisebahne		■
Blowin' in the Wind		■
Calypso		■
Can't Help Falling in Love		■
Casatschok		■
Danke, für diesen guten Morgen		■
Das klinget so herrlich		■
Das Lied vom Anderssein	■	
Das Lummerlandlied	■	
Dat du min Leevsten büst		■
Daumenfrau und Daumenmann	■	
Die Menschen sind alle verschieden	■	
Die Moritat von Mackie Messer		■
Epo i tai tai yé		■
Froh zu sein bedarf es wenig	■	
Happy Birthday (→ S. 12)	■	
He, ho, spann den Wagen an	■	■
Hello, How are You		■
Hewenu shalom		■
Hey, Pippi Langstrumpf	■	
Hört, ihr Herrn und lasst euch sagen (→ S. 82)		
Horch, was kommt von draußen rein		■
I Like the Flowers		■
Ich lieb den Frühling	■	
If You're Happy	■	
Kommt ein Vogel geflogen (→ S. 81)		
Lalelu	■	
Let it Be		■
L'inverno è passato (→ S. 90)	■	

Anhang

Titel	z. B. in SIM SALA SING	z. B. in SING & SWING
Love Me Tender		■
Moldau	■	
Moon River		■
Morning has Broken		■
Moskauer Nächte		
Muss i denn		■
My Bonnie Is Over the Ocean		■
O, du fröhliche	■	
Oh My Darling, Clementine		■
Ozewize	■	
Raindrops Keep Falling on My Head (→ S. 92)		■
Sascha (→ S. 87)	■	
Summertime		■
Sur le pont d'Avignon	■	
Viel Glück und viel Segen	■	■
Vogelhochzeit	■	
We Wish You a Merry Christmas		■
Wenn die bunten Fahnen wehen		■
Level 6		
Audite silete		■
Bunt sind schon die Wälder	■	■
Das rote Pferd	■	
Die Hexe Wackelzahn	■	
Einigkeit und Recht und Freiheit	■	■
El cóndor pasa, Strophe (→ S. 99)		■
Go Down, Moses		■
Hava nagila (→ S. 103)		■
Head and Shoulders (→ S. 97)	■	
Heaven Is a Wonderful Place		■
Hoch auf dem gelben Wagen		■
Hurra, hurra, der Pumuckl ist da	■	
Komm, lieber Mai	■	
John Brown's Body (→ S. 100)		■
Leise rieselt der Schnee (→ S. 98)	■	
Mahna Mahna (The Muppet Show)		■
Qué será, será		■
Rock Around the Clock		■
Sometimes I Feel		■
The Little Drummer Boy		■
Wer hat an der Uhr gedreht (The Pink Panther)		■
Yesterday		■

Literaturliste

Bauer, William	Music Learning Today. Digital Pedagogy for Creating, Performing and Responding to Music. Oxford University Press 2014
Bernstein, Leonard	Musik – Die offene Frage. Vorlesungen an der Harvard-Universität. Goldmann 1981. Amerikanisches Original: „The Unanswered Question. Six Talks at Harvard" 1976
Brown, Steven	The „Musilanguage" Model of Music Evolution. In: „The Origins of Music". The MIT Press 1999
Drösser, Christoph	Der Musikverführer. Warum wir alles musikalisch sind. Rowohlt 2009
Ehrenfels, Christian von	Über Gestaltqualitäten. In: „Vierteljahrsschrift für wissenschaftliche Philosophie", Jahrgang 13, S. 249–59, Leipzig 1890
Gordon, Edwin	Learning Sequences in Music. Skill, Content and Patterns. A Music Learning Theory. Chicago 1993
Gruhn, Wilfried	Der Musikverstand: Neurobiologische Grundlagen des musikalischen Denkens, Hörens und Lernens. Olms Forum 2008
Gruhn, Wilfried & Röbke, Peter	Musiklernen. Bedingungen – Handlungsfelder – Positionen. HELBLING 2019
Hammershøj, Henny	Die musikalische Entwicklung des Kindes. Beltz 1995
Handschick, Matthias	Musik erfinden (Experimentieren, Improvisieren, Komponieren). In: Musikdidaktik Grundschule. Hrsg: Mechtild Fuchs. HELBLING 2015
Heygster, Malte & Grunenberg, Manfred	Handbuch der relativen Solmisation. Schott 1998
Karner, Josef	Solmisation und tonale Didaktik. Edition Grundton 2007
Kowal-Summek, Ludger	Neurowissenschaften und Musikpädagogik. Klärungsversuche und Praxisbezüge. Springer, Wiesbaden 2017
Lang, Samuel & Aamodt, Sandra	Welcome to Your Child's Brain. Die Entwicklung des kindlichen Gehirns von der Zeugung bis zum Reifezeugnis. C. H. Beck 2012
Lange, Georg Theodor Johann	Zur Geschichte der Solmisation. 1900. Reproduktion in der Reihe „Scholar Select". („This work has been selected by scholars as being culturally important")
Levitin, Daniel	Die Welt in 6 Songs. Warum Musik uns zum Menschen macht. Bertelsmann 2011 (Original: „The World in Six Songs". 2008)
Patel, Aniruddh	Music, Language, And The Brain. Oxford University Press, Illustrated Edition 2010
Pesce, Dolores	Music Education in the Middle Ages and the Renaissance. Darin: Guido d'Arezzo, Ut queant laxis, and Musical Understanding. Indiana University Press 2010
Schwarzer, Gudrun	Entwicklung der Melodiewahrnehmung. Analytische und holistische Prozesse. Roland Asanger 1993
Smits, Joseph	Musikgeschichte in Bildern. Band 3, Musik des Mittelalters und der Renaissance. VEB Deutscher Verlag für Musik, Leipzig 1969
Spahn, Claudia & Richter, Bernhard	Musik mit Leib und Seele. Was wir mit Musik machen und sie mit uns (insbesondere Kapitel 7: „Hoppe, hoppe Reiter" – Musik und Spracherwerb). Schattauer 2016
Stadler Elmer, Stefanie	Musik – Lernen und Entwicklung. In: Musikdidaktik Grundschule. Hrsg: Mechtild Fuchs. HELBLING 2015
Tomasello, Michael	Constructing A Language. First Harvard University Press 2003

Der Autor

Herbert Schiffels studierte Schulmusik an der Musikhochschule Freiburg sowie Mathematik an der Universität Freiburg.

Nach dem Referendariat arbeitete er als Lehrer für Musik und Mathematik, war Fachberater, arbeitete in der Lehrerfortbildung und war Beauftragter für Jazz, Tanz und Folklore des Ministeriums für Kultus und Sport für die Schulen in Baden-Württemberg. Daneben Lehraufträge für Jazzarrangement und Microteaching an der Musikhochschule Freiburg sowie Gründung und Leitung des Freiburger Schülerjazz-Orchesters.

Seit Edwin Gordons Workshops 1993 an der Musikhochschule Freiburg intensive Beschäftigung mit musikalischen Lerntheorien, insbesondere mit der Solmisation.

Portfolios zum Ausdrucken

Die Portfolios dienen dazu, dass die Kinder sich selbst beurteilen können. Sie werden für Kinder ab Klasse 3 empfohlen. **Idee: Portfolio nach jedem Level ausdrucken und ausfüllen.** Im Heft einkleben oder in einer Sammelmappe zusammen mit den Vertonungen des Gedichts „CONRADs Reise" und anderen Melodiekompositionen, die im Verlauf mit tabDo! entstanden sind, aufbewahren.

✂··

Level 1

Das habe ich auf diesem Level gelernt:

	Das kann ich bereits ✔	Das gelingt mir meistens ✔	Das fällt mir noch schwer ✔
auf der App tabDo! Bildschirm, Level (und Instrument) einzustellen	☐	☐	☐
Töne mit Solmisationssilben zu benennen	☐	☐	☐
Töne und Tonfolgen auf tabDo! zu spielen	☐	☐	☐
die Position der Töne in der eigenen Hand / auf der Tonleiter-Kopiervorlage zu kennen und mitsingen zu können	☐	☐	☐
eine Melodie mit tabDo! nachzubauen	☐	☐	☐
eine Melodie umzubauen oder neu zu bauen	☐	☐	☐
eine vereinfachte Notation zu einem Lied aufzuschreiben	☐	☐	☐
die Rhythmussilben für Viertel und Achtel im Zweiermetrum	☐	☐	☐
einfache Rhythmen zu lesen und zu sprechen	☐	☐	☐
eine Melodie auf tabDo! einzuüben und auf Instrumente zu übertragen	☐	☐	☐
eine Bassstimme zu üben	☐	☐	☐
einen Abzählreim zu vertonen	☐	☐	☐
eine Fanfaren-Melodie zu komponieren	☐	☐	☐
Liedanfänge mit Solmisationssilben zu singen	☐	☐	☐
ein Gedicht mit den Tönen auf Level 1 zu vertonen, wie z. B. den „CONRAD"	☐	☐	☐

Level 2

Das habe ich auf diesem Level gelernt:

	Das kann ich bereits ✔	Das gelingt mir meistens ✔	Das fällt mir noch schwer ✔
mit den Tönen auf Level 2 zu improvisieren			
mit meiner Nachbarin/meinem Nachbar zu zweit Frage-Antwort-Spiele (im Zweier-/Dreiermetrum) zu spielen			
zu einem Lied ein Bass-Ostinato zu spielen			
in einer Lücken-Melodie die fehlenden Töne zu ergänzen			
Vor- und Nachspiele zu einem Lied zu erfinden			
Zweier- und Dreiermetrum zu unterscheiden			
über einer Liedmelodie im gleichen Rhythmus zu improvisieren			
ein Gedicht mit den auf Level 2 erlernten pentatonischen Tönen zu vertonen, wie z. B. den „CONRAD"			

Level 3

Das habe ich auf diesem Level gelernt:

	Das kann ich bereits ✔	Das gelingt mir meistens ✔	Das fällt mir noch schwer ✔
den neuen Ton Fa in einem Flaschen-/Gläserexperiment zu erforschen			
die Form einer Melodie herauszufinden und mit Buchstaben zu bezeichnen			
in einer Fehler-Melodie die falschen Töne zu korrigieren			
über einem Bass-Ostinato zu improvisieren			
den Nachbau einer Melodie detailliert zu untersuchen			
eine Melodie umzubauen			
Tongruppen als Melodiezellen zu erkennen			
Melodiezellen weiterzuentwickeln			
Echos mit einem anderen Kind zu spielen			
Sequenzen zu erkennen und weiterzuentwickeln			
einen „Krebsgang" zu einer Melodie zu spielen			
ein Gedicht mit Echo, Sequenz oder Krebs zu vertonen, wie z. B. den „CONRAD"			

Level 4

Das habe ich auf diesem Level gelernt:

	Das kann ich bereits ✔	Das gelingt mir meistens ✔	Das fällt mir noch schwer ✔
Einstimmigkeit und Mehrstimmigkeit zu unterscheiden	☐	☐	☐
Melodien nicht nur zu spielen, sondern auch zu pfeifen	☐	☐	☐
was eine Imitation ist und sie in einem Lied zu entdecken	☐	☐	☐
was ein Kanon ist und wie er funktioniert	☐	☐	☐
mit anderen einen Kanon zu singen und dabei meine Stimme sicher zu halten	☐	☐	☐
Melodiezellen durch Imitationen weiterzuentwickeln	☐	☐	☐
ein Gedicht im Dreiermetrum und mit Imitationen zu vertonen, wie z. B. den „CONRAD"	☐	☐	☐

✂ ··

Level 5

Das habe ich auf diesem Level gelernt:

	Das kann ich bereits ✔	Das gelingt mir meistens ✔	Das fällt mir noch schwer ✔
den Ton Ti in einem Lied als Leitton zu hören	☐	☐	☐
den Ton Ti in einem Lied als Durchgangston zu hören	☐	☐	☐
eine Dur-Melodie nach Moll zu versetzen und in Dur und Moll zu spielen und zu singen	☐	☐	☐
eine Moll-Melodie nach Dur zu versetzen und in Moll und Dur zu spielen und zu singen	☐	☐	☐
mit anderen singend zwischen einem Durdreiklang und dem parallelen Molldreiklang zu pendeln	☐	☐	☐
über einem Liedrhythmus zu improvisieren (mit den Tönen von Level 2)	☐	☐	☐
nach den Akkordangaben eines Lieds eine Bassstimme zu spielen	☐	☐	☐
was eine swingende Melodie ist	☐	☐	☐
das „Schicksalsmotiv" in Beethovens 5. Sinfonie durch den ganzen ersten Satz hindurch wiederzuerkennen	☐	☐	☐
zwei „Nachtwächterlieder" miteinander zu vergleichen	☐	☐	☐
ein Gedicht in Dur und Moll zu vertonen, wie z. B. den „CONRAD"	☐	☐	☐

Level 6

Das habe ich auf diesem Level gelernt:

	Das kann ich bereits ✔	Das gelingt mir meistens ✔	Das fällt mir noch schwer ✔
Haupttöne und Nebentöne einer Tonleiter zu unterscheiden			
eine Melodie mit Nebentönen zu verändern			
über ein harmonisch komplexeres Lied zu improvisieren			
Dur- und Molltonleitern spielen und unterscheiden zu können			
ein Lied in harmonisch Moll zu spielen			
Moll und Dur in einem Musikstück hörend zu unterscheiden			
ein Gedicht mit Nebentönen „gewürzt" zu vertonen, wie z. B. den „CONRAD"			

Level 7

Das habe ich auf diesem Level gelernt:

	Das kann ich bereits ✔	Das gelingt mir meistens ✔	Das fällt mir noch schwer ✔
Noten, Notennamen mit Solmisationssilben zu verbinden			
eine Melodie in die Notenschrift zu übertragen			
über dem gleichen Grundton eine Dur- und eine Moll-Melodie zu spielen			
Vorzeichen zu verwenden			
eine Melodie zu transponieren und in Notenschrift aufzuschreiben			
eine Melodie ohne tabDo! zu erarbeiten			

Tonleiter-Kopiervorlage

Auf der Tonleiter sind die Töne von Level 1 schon eingetragen. Beschrifte die Töne nach und nach selbst, je nachdem, auf welchem Level du auf tabDo! spielst. Achtung: Die Töne auf den hellen Feldern bekommen keine Namen. Die Tonnamenleiste kannst du an dem jeweiligen Do anlegen und die Töne ablesen. Knicke an der linken Seite der Tonnamenleiste das Blatt um. So erhältst du eine Schiene, in der du die Tonleiter entlangschieben kannst.

Hier **knicken**

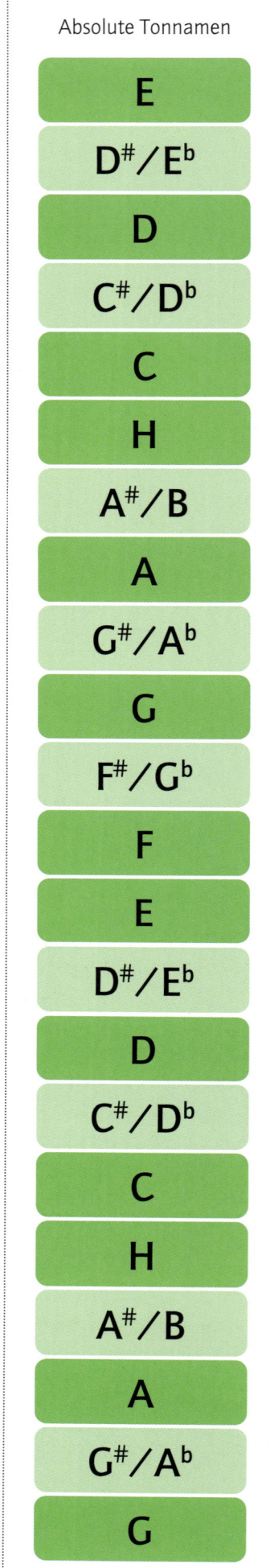

Hier **schneiden**

Absolute Tonnamen

- E
- D♯/E♭
- D
- C♯/D♭
- C
- H
- A♯/B
- A
- G♯/A♭
- G
- F♯/G♭
- F
- E
- D♯/E♭
- D
- C♯/D♭
- C
- H
- A♯/B
- A
- G♯/A♭
- G

Schiebeleiste / Tonleiter

- Mi
-
- Re
-
- Do
-
-
-
- So
-
-
- Mi
-
- Re
-
- Do
- Ti
-
- La
-
- So

Die sinnvolle Ergänzung zu tabDo!

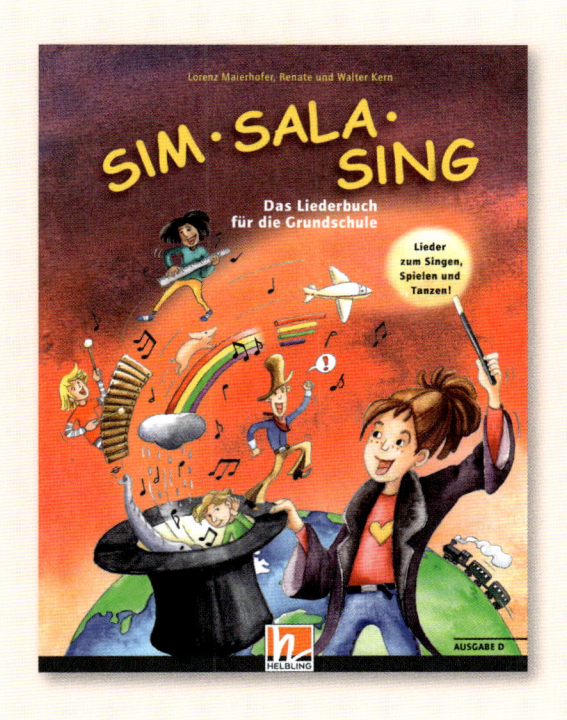

SIM • SALA • SING

Der Liederbuch-Klassiker für die Klassen 1–4 bietet auf 320 Seiten neue und traditionelle Lieder, bekannte Songs, frische Impulse und vielfältige Begleitmöglichkeiten für das gemeinsame Singen, Spielen und Tanzen.

SIM SALA SING (Primarstufe)

Ausgabe D 320 Seiten
ISBN 978-386227-381-2

Ausgabe B (Bayern) 320 Seiten
ISBN 978-386227-383-6

Ausgabe Österreich 328 Seiten
ISBN 978-399069-058-1

Ausgabe Schweiz 240 Seiten
ISBN 978-386227-093-4

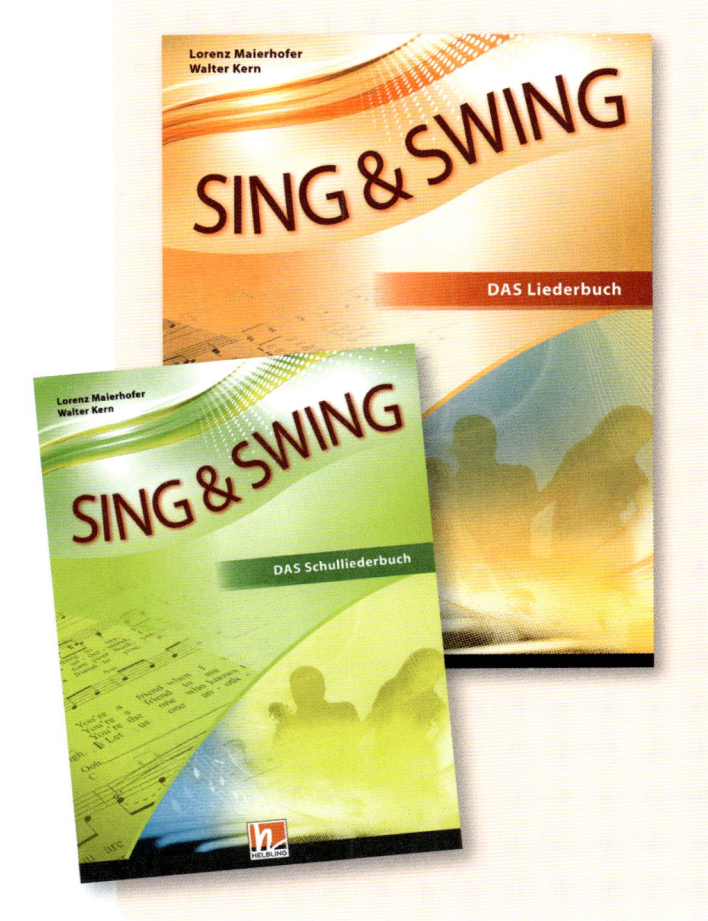

„SING & SWING – DAS neue Liederbuch"

Für die Sekundarstufe 1.
Enthält auf 360 Seiten rund 350 Lieder, Songs, Hits, Evergreens sowie zahlreiche Kanons, Chants und Warm-ups zum Singen, Spielen und Tanzen im Unterricht und darüber hinaus.

SING & SWING (Sekundarstufe)

Ausgabe D, Hardcover 360 Seiten
ISBN 978-386227-164-1

Ausgabe D, Softcover 360 Seiten
ISBN 978-386227-163-4

Ausgabe Österreich 360 Seiten
ISBN 978-399035-384-4

Ausgabe Schweiz, Softcover 360 Seiten
ISBN 978-386227-163-4

Ausgabe Schweiz, Hardcover 360 Seiten
ISBN 978-386227-164-1

Bildverzeichnis

Alamy Stock Fotos: S. 6, 21, 39, 46 Claudio Caridi, S. 80 (o.l.) imageBROKER;
Hans Michel: S. 30 (u.l.);
H. Schiffels: S. 26 (o.r.);
Helbling Archiv: S. 26 (u.m), S. 27;
iStock: S. 30 (o.l.) -slav-, S. 80 (u.r.) ajma_pl
Mozarteum: S. 111 © Internationale Stiftung Mozarteum (ISM), Bibliotheca Mozartiana

Nicht in allen Fällen war es uns möglich, den Rechteinhaber ausfindig zu machen.
Berechtigte Ansprüche werden selbstverständlich im Rahmen der üblichen Vereinbarungen abgegolten.

Notenverzeichnis

S. 87 Sascha geizte mit den Worten © Fidula-Verlag, Holzmeister GmbH, Koblenz;
S. 92 Raindrops © BMG Rights Management GmbH, Berlin/Neue Welt Musikverlag GmbH, Hamburg

Impressum:

Redaktion: Nele Fischer, Alexandra Nothacker
Umschlag: Chris Günthner, Stuttgart
Umschlagmotive: shutterstock
Illustrationen: Inkje Dagny von Wurmb, Stuttgart
Layout und Satz: Chris Günthner, Stuttgart
Notensatz: Silke Wittenberg, Musiknotensatz Bautzen
Druck und Bindung: DZS GRAFIK, d.o.o., Ljubljana-Šentvid, Slowenien

S8990
ISBN 978-3-86227-433-8
Auflage A1^1/2021
© HELBLING, Esslingen • Innsbruck • Bern-Belp

Alle Rechte vorbehalten. Das Werk einschließlich aller Inhalte ist ganz und in Auszügen urheberrechtlich geschützt. Kein Teil des Werkes darf in irgendeiner Form (Druck, Fotokopie oder anderes Verfahren) ohne ausdrückliche schriftliche Genehmigung des Verlags nachgedruckt oder reproduziert werden und/oder unter Verwendung elektronischer Systeme jeglicher Art gespeichert, verarbeitet, vervielfältigt und/oder verbreitet bzw. der Öffentlichkeit zugänglich gemacht werden. Alle Übersetzungsrechte vorbehalten.